高校网球
教学方式的改革与创新

罗金良◎著

GAOXIAO WANGQIU
JIAOXUE FANGSHI
DE GAIGE YU CHUANGXIN

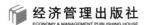

经济管理出版社
ECONOMY & MANAGEMENT PUBLISHING HOUSE

图书在版编目（CIP）数据

高校网球教学方式的改革与创新/罗金良著．—北京：经济管理出版社，2023.8
ISBN 978-7-5096-9180-9

Ⅰ.①高…　Ⅱ.①罗…　Ⅲ.①网球运动—教学研究—高等学校　Ⅳ.①G845.2

中国国家版本馆 CIP 数据核字（2023）第 155180 号

组稿编辑：高　娅
责任编辑：高　娅
责任印制：张莉琼
责任校对：王淑卿

出版发行：经济管理出版社
　　　　　（北京市海淀区北蜂窝 8 号中雅大厦 A 座 11 层　100038）
网　　址：www.E-mp.com.cn
电　　话：（010）51915602
印　　刷：唐山玺诚印务有限公司
经　　销：新华书店
开　　本：720mm×1000mm/16
印　　张：10.5
字　　数：130 千字
版　　次：2023 年 8 月第 1 版　　2023 年 8 月第 1 次印刷
书　　号：ISBN 978-7-5096-9180-9
定　　价：98.00 元

前　言

　　网球运动是当前国际排名第二的球类运动，是一项十分高雅的体育运动项目，在世界中享有较高的美誉，具有较强的影响力。近年来，随着中国体育事业及文化事业的不断发展，人们对于精神层面的需求不断提升。网球运动作为一项兼具健身和审美观赏功能的运动，成为人们日常运动中的重要选择，受到大家的喜爱与推崇。各大高校也开始引入网球课程，设计和搭建相应的网球训练场地，满足不同类型学生的运动需求。本书主要从高校网球教育教学现状出发，对其基础设施构建、师资团队建设、教育教学模式以及课程设置等问题进行了实践探究，从中归纳与总结出现阶段高校网球教学中存在的问题，并在此基础上提出了相应的改进措施和优化举措，以进一步提升我国高校网球教学质量，推动大学生体育教育事业的健康、高速发展。

目　录

第一章　网球运动

第一节　网球运动项目特征

一、时间特征

"人""网球""网球拍"是网球运动的基本要素，这里的"人"是指处于网球训练运动中，与"网球"和"网球拍"发生实际关联的人。"网球"与"网球拍"是运动员的主要运动工具，是完成网球运动以及基本动作的重要介质。网球运动的本质是基本要素之间的内在联系，是人通过网球拍对网球的"控制"。从运动本质上看，网球运动主要是一种运动员持拍隔网进行对打的运动项目，与其他持拍隔网对抗类型的项目，如乒乓球、羽毛球等球类运动有一定的相似之处和共同属性。但是由于运动中使用工具、场地大小、比赛规则等条件不同，致使不同球类运动的原理不尽相同。

在网球运动项目中，运动员是控球主体，需要在既有规则限定下，不断改进与完善自身的控球能力和控球水平，进而更好地与同伴配合，完成接球基本操作。

本书从现代竞技网球比赛情境角度对网球运动员的特征进行分析，即人在较大的空间里、极有限的时间内，在多种压力情况下，机体对来球做间歇性应激反应。本书通过选取几场网球比赛，对网球运动项目中运动员及其发球频率和比赛数据进行记录与分析，得出网球比赛的时间特征。一项研究主要对每分球的平均拍数、平均时间、每盘比赛平均时间、对抗赛双方贡献的平均分数、每场比赛的平均盘数等基本要素进行分析，得出网球比赛中运动员每分钟的击球拍数，将其绘制成图表进行比较，得出现代网球运动和网球比赛更为激烈，运动员的击球频率与之前相比更高的结论。一位选手每一场比赛中的平均挥拍次数达到了485次左右，在对打过程中，每一拍之间的间隔时间较短，留给参赛者动作调整和反应的时间非常短。从每分钟内的击球拍数可以得知，网球运动项目表现出间歇性的时间特征，其中影响时间间隔长短的因素较多，但是主要影响因素在于比赛规则限定和控制。网球比赛规则对盘与盘、局与局、分与分之间都有明确规定，运动员必须在限定时间内完成操作，确保动作有效，获得有效得分。在一些竞争激烈、需要运动员剧烈运动的网球比赛中，双方运动员处于较为活跃的状态，挥球拍的频率较高，最短可以在几十秒甚至零点几秒内做出相应的反应。这种间歇式运动方式，要求运动员在短时间内迅速做出反应，十分考验运动员的肌肉耐力限制和能量代谢规律，不同体能情况和身体运动情况的运动员在网球运动中的时间反映特征各不相同，通过网球项目训练可以增强运动员的身体技能强度，以更为灵敏的身体反应应对对方的球。网球训练师往往将短时间内运动员的机能提升作为训练重点。

二、移动特征

移动是指包括启动、加速和冲刺等在内的短时间的一系列爆发性组合动作。网球步法，指的是在网球运动中，参与者通过控制身体的变化，改变自身的位置和方向所产生的各种运动动作。在网球运动和基本训练中，主要有调整步、垫步、分腿垫步、跑步、滑步，以及交叉步等不同步法。在步法移动中，运动员应灵活运用以上步法，结合自身所处位置，依照对方球体的运动轨迹和运动方向进行及时调整，以确保在短时间内快速移动到球到来的指定位置，做出挥拍动作。

在移动过程中，运动员应结合击球动作进行位置移动和具体操作。一方面，正反手进行击球具有特定的脚步特点，与其他击球动作的脚步特点和位置移动不尽相同。一般情况下，正反手击球通常采用半开放式、开放式以及关闭式步法动作。现代网球运动和网球竞赛较为推崇进攻，因此大多数运动员的步法移动发生了较大转变，由原先的关闭式和半开放式转向开放式步法。开放式步法的脚步呈现向前张开的趋势，能够有效利用蹬地和转腰的动作获得地面的反作用力，从而击出更具力量性的球，同时此步法样式更加有助于对球施加回旋，做出快速反应并归位。在训练过程中，开放式步法极为考验运动者的力量、身体协调性、灵活度及反应度等能力。关闭式站位一般用于做出单手反手击球动作，这一站位有助于充分调动和运用身体的力量。另一方面，截球和击球的步法特点也需要因具体情况而定。运动员以正手截取和击球时，分为以下三种情况，也对应三种不同的步法：第一，选手和训练员正好处在击球位置，能够直接用正手进行击球，这时运动员应向前迈出左脚，以侧面身体迎接对方的球。第二，对方来球与位置和身体有一定距离，这时需要采用左脚跨过右脚的移动方式快速进行位置调整，以更好地接住球，进行反击。第三，当来球直接朝向运动员身体时，需要快速移动脚步，调整重心位置，以更好挡击来球。这是正手截击球的主要应对和移动特征，与之相类似，反手击球也需要相对应的位置调整和身体移动，只是在移动过程中需要调换左右脚的移动位置。除了以上三种基本情况之外，高压球动作中也有相对应的步法特点。一种是后侧滑步方式，另一种是侧后交叉的移动步法。同时，在击打高压球时，一定要控制好距离，在最佳位置进行击打，保持侧面应对网球，并且右脚应与底线处于平行位置，左边脚尖稍稍指向右网柱。

三、力量特征

力量是人体运动技能的一种表现形式，是人体或身体某部分肌肉收缩和舒张时克服阻力的能力。在运动过程中，人体肌肉会不断克服阻力，包括内部阻力和外部阻力，外部产生的阻力包括如击打中带来的阻力、摩擦力和空气阻力等。内部产生的阻力主要是指肌肉拉伸和运动中对抗黏滞性和不同肌肉群体之间的对抗力等。力量主要通过以下三种途径产生：一是产生于主动肌的强大收缩效力；二是产生于主动肌肉群在与对抗肌、支持肌以及中立肌等协同发力时；三是基于肌肉之间的牵引和拉扯角度，不同杠杆力臂长度而产生。力量主要来源于人体的肌肉运动。据相关调查显示，一个成年男子的肌肉重量占身体总重量的43%左右，而女子占有量为35%。相对来说，男子运动员拥有更为强健的肌肉群体，肌肉在身体总重量中占比较大。

网球是一种依靠短时间内爆发的运动项目，网球来回一次大约有1.5秒，在积分达到一分后平均四次变向移动。在一场网球比赛中，通常有超过300次的爆发性运动，运动员每一次移动和冲刺的距离平均可以达到

2.5~6 米。虽然网球运动对于运动员力量的爆发性要求较高，但是在训练过程中也不能忽略对机体各部位耐力的训练。只有通过耐力训练和耐性加持，才能够使动作之间具有连贯性，击打动作更加持续，从而更好适应高强度的网球比赛活动。同时，网球运动移位和变位动作需要调动身体不同肌肉群，完成一次击球动作涉及身体较多肌肉群的参与，因此，网球运动训练需要不断提升运动员膝部关节、踝关节、手臂肌肉、背部及腰腹部核心肌肉群体等所涉及部位的机能水平和速度力量的耐受程度，从而使不同部位肌肉群体的抗性和韧性获得进一步提升，在相互配合和协调下完成动作链。其中，影响肌肉力量和抗性的重要因素主要包括以下三个方面：一是参与机体运动中每一块主动肌肉群体的最大收缩力，其可以在多种抗性项目训练中得到增强；二是各个肌肉群放松和收缩的协调组织能力，在针对性较强的专门训练项目中可以得到改进；三是肌肉群之间的牵拉角度，运动中肌肉组成的杠杆的力臂长短也会对其产生影响。在网球运动的力量训练活动中，辅以实心球进行力量训练十分有效。网球教练通常对训练者进行正手力量练习、反手力量练习，通过用推的动作传球以及坐起接球并传出的方式进行力量训练。

四、技术动作特征

（一）发球技术动作

网球发球技术动作是网球运动中较为复杂且难度较高的一项技术，对于运动员的考验最大，其中主要包括握拍方法、正确站位、持拍手臂动作、举拍动作和抛球动作。影响运动员发球技术的三个主要要素分别是发球速度、落点及旋转。发球速度，是指以最快的球速进一步压制对方的反攻，从而使其毫无招架之力，直接失分。落点是指如果运动员击球位置较为精准，使球降落到对方球员无法预估或者无法迅速移动的位置，就可以顺利避免对方回击，造成对方接球失误。旋转是指有些发球尽管速度不快，落点不刁，但由于落地弹起后会改变方向或弧度又低又短，使接球方措手不及，在被迫跑动中从低处向上提拉球，以致勉强还击，稍有迟缓就可能失分或回球过高，给发球者提供良机。网球运动中，如果能够选用较好的战略方法及击球技术，掌握并灵活运用以上三个要素，就能够掌握发球局的主动权，拥有较大的胜利概率。网球发球动作要通过运动员的身体不同部位，由脚掌开始借力，此借力经由膝盖过渡到运动者的肩膀和手臂，指导手肘和手腕进行致命一击，经过不同身体部位协调配合，积蓄气力发出的球拥有较为强烈的攻势。

首先，运动员应了解并掌握握拍方法，按照握拍要求做好发球准备工作。从整个网球技术组成来看，发球较为复杂，需要运动员长时间训练才能真正掌握。在握拍动作训练中，运动员一般根据自身情况选择最为舒适的握拍动作，最常见的发球握拍方式是大陆式握拍方法和反手握拍方法。大陆式握拍方法是较为传统的网球握拍方式之一，最早在欧洲地区，特别是法国地区的网球比赛中较为流行。这种握拍方法常常用于发侧旋球和上网截击，要求运动员将食指与拇指分开，形成"V"字形状，将球拍杆放置在叉开的虎口部位，使拍把手的上平面与左上斜面的交界线正好处于其中，球拍的上平面用手掌根部把持，与拍底的平面保持对齐状态。大陆式握拍法拥有一定的优势，同时也存在部分劣势。从其优势来看，采用此握拍手法能够使运动员在顶球或者发球时手臂处于自然下放和下压状态，从而保证手臂蓄力效果最好，攻击出去的球具有较好的效果，在此状态下对于运动员手臂反作用力也较小。而且此握拍方式既可以打出正手球，也可以打出反手球，在进行网球拦截时，运动员不用进行调整和变化，可在短时间内迅速调整防守和进攻状态。其劣势在于大陆式握拍方法较难打出带上旋的削球和击球。由于握拍姿势和动作的限制，运动员的击球点必须高于网球球网，球在此时的停滞时间较短，需要运动员在很短的时间内完成击球动作。此外，这种握拍方法也不利于处理高速度落地球。反手握拍方法是由右手反手握拍和左手握拍相结合产生的一种握拍方式，要求运动员左手握在拍杆的上端部位，右手握在拍杆的底端位置。反手握拍方法主要由四个基本环节构成，分别是准备姿势、后摆引拍、随拍击球和随挥跟进。在进行姿势准备时，运动员应将身体朝向球网，双脚分开，身体微弯，身体上部稍稍向前倾斜，中线主要落在前脚掌上，拍头应朝向对方，拍面与地面相垂直，时刻保持警惕，眼睛密切关注对方来球动向，以保证快速做出反应。后摆引拍是在初步判断来球方向以及力度的基础上，快速进行左右手互换，变换握拍方式，同时肩部开始转动，带动球拍向身体的左后方摆动，在此过程中，运动员的重心也由之发生变化，变换到左脚位置。由于以上握拍方法各有好坏，运动员应根据自身习惯及比赛中的实际情况进行灵活选择，以更好调整握拍方式，进行最大效率的击球。

其次，网球运动员应保持正确的站位，确保发球有效。网球接发球中主要有以下几种站位：第一，单打站位。运动员一般处于距离前发球线大约 1.5 米的位置。在左边发球区接球和发球时，应站在球场中间位置，在右边发球区接球和发球时，站位应稍微偏离中线位置，其中站位应根据网球运动的身高以及对手的位置进行灵活调整。第二，双打站位。与单打球不同，双打球的球区距离更短，缩短了将近 0.76 米，在实际比赛中往往以平快球和网前球为主，运动员应站在离发球线位置较近的地方。接发球准备姿势：身体侧对球网，左脚在前，右脚在后，两脚自然开立。单打接发球时身体重心落在左脚上，右脚跟自然提起，双膝微屈，含胸收腹，两臂自然提起，球拍举在身体前方，两眼注视对方；双打接发球时，身体重心相对要比单打下蹲一些，并应根据对方的发球意图调整两脚，球拍也应比单打时举得更高一些。

最后，在正确的站位之上进行抛球和挥拍。抛球是发球和击球能否取得成功的关键因素。抛球需要把网球向上抛到最佳击球位置，在抛球过程中运动员的身体重心应保持不动，抛球位置应偏向身体重心的侧边。运动员的执球手法也会影响抛球好坏，一些网球运动初学者可能采用拇指与四个手指同时握球的方式执球和抛球，这种方式容易导致四个手指以及手腕轻微勾起，存在较大问题。因此，运动员要进行握球手法的调整与练习，应手指直立，掌心侧向，拇指与食指握住球的两侧，中指托住球的底部，手臂上举抛球在临近出手之际，手腕向上挺起，而不要勾手，减少动作惯性对网球上抛的影响。抛球时，运动员应将手臂处于放松状态，自然下垂和发力，将注意力全部放在球体上，进行准确抛球和发球。

（二）挥拍击球技术动作

当运动员完成放松倒拍动作后，其腹部前侧的肌肉群得到爆发式的收缩，拍子能够获得较大冲击力，以极大的加速度移向网球，从而做出挥拍动作。挥拍动作在于向拍子灌注肌肉力量，使网球拍获得最大的运动速度，对球进行击打，从而将此运动速度转移到球体之上，增强球体的攻击性和力度。因此，网球挥拍在于控制好挥拍的距离和挥拍的力度，保证拍子获得较大的速度和力量。发球动作和挥拍动作是一个力量传递过程，从运动员的下肢部位逐渐传递到上肢部位，在手掌与网球杆臂接触的部分进行力量叠加，而后将层层叠加的速度及力量转移到球体上，网球发球动作与鞭打动作较为相似。虽然与战术性发球相比，发球的技术要求较低，但是也需要运动员采取合适的姿势，选择恰当的拍面角度进行科学准确的发球和击球，通过灵活调整位置以及手势，确保发球能够较为准确地落到对方区域之内。发球挥拍的目的在于使球获得较大的力量和速度，而击球的目的在于保证球体能够按照预设轨道和速度发出。在相同的条件下，网球的最终落点位置与网球运动员的击球高度有较大关联，网球运动员击球高度较高，超过球网的概率就较高，相反，如果击球高度过低，则会影响网球过网的成功率。经验丰富的网球运动员通常选择底线之内 0.60~0.75 米进行击球。这时，他们的身体下肢常常位于底线之内，能够获得向上之力，向前加速用网拍击打球体，此时，运动员下臂挥拍的弧度加上身体向前的重量能够使球体获得较高的弹跳性，此时球体运动方向和运动弧度都难以预测，能够增加对方球员的接球难度。

在挥拍时，运动员应调整身体状态，做好准备姿势。运动员应将身体面向球网，双脚分开与肩膀处于同等宽度，上体略微倾斜，身体重心主要放在前脚脚掌上，右手握拍，左手拖住球拍拍颈，时刻关注对方网球的方向，预判对方网球的速度和角度，准备击球。运动员依照对方来球情况进行预测和判断后，决定选用正手击球。这时运动员应转动双脚，左脚跟抬起并向右侧前方上步，右脚右转 90° 与底线平行，同时转肩，转髋带动右手向后摆动引拍，引拍时肘部弯曲，自然下垂，拍头低于膝盖，左手伸向前方，保持身体平衡，后摆引拍时身体重心放在右脚，左肩膀正对球网，手腕固定，这时运动员已经完成了后摆引拍。在此基础上，当球拍由后方向前挥动时，运动员应紧紧握住球拍柄部，手腕向后伸展，使胳膊与手背呈 90°，而后右脚蹬地获得助力，向左转动身体进行挥拍。一名优秀的网球运动员应具备轻松随挥的能力，在完成挥拍击球动作后，网球球拍随着球飞行的方向前伸，重心由右脚转移到左脚，身体也跟随转动，面向球网，挥拍动作最终落于左面肩膀上，球拍拍头朝向后上方，这时应立即恢复起始动作，重新调整状态，准备下一个击球。

第二节　网球运动的专项体能发展

一、专项身体机能

专项身体机能是指人体各部分组成器官、系统以及整体功能体系在运行过程和生命活动中呈现出的能力。人体机能的生理化学评定，是依照运动生物化学原理要求，采用科学评定技术从分子水平对运动员的身体机能情况进行深入测评的重要方式。专项身体机能测评具有针对性强、准确和灵敏等多种优点，对于运动负荷设定、训练效果评定具有重要的积极影响，在实际测评活动中也取得了较好的效果。运动负荷是指运动员在训练中身体所能承受的最大负荷量。身体机能不同的运动员在实际训练中可接受的负荷量不尽相同，相同的运动负荷可能会对不同运动员的身体产生不一样的影响，因此，通过身体机能测验能够了解运动员的运动负荷范围，对于评定运动负荷、选用合适的运动负荷量具有重要意义。通过对网球运动员进行安静脉瓣、肺活量、舒张压、收缩压、脉压差等项目测评，将身体机能指标数据转化为台阶指数、脉压差、安静脉、心功能指数及收缩压等多种身体机能指标形成初选指标数据。通过数据对比可知，不同运动员的身体指标在舒张压、收缩压、台阶指数、脉压差以及肺活量上具有明显差异，在新功能指数指标及安静脉搏上相差较小。

网球运动主要对人们的心肺系统和神经系统产生影响，其中心肺系统包含呼吸系统和循环系统。通过引导运动员进行网球专项体能训练，能够提高神经系统的控制与调节能力，促使其他系统进行自我调节，适应网球运动需要。神经系统中的信号交流与传递更加高效和明确，能够与肌肉运动协调配合。在专项无氧代谢能力训练过程中，运动员的乳酸能系统和磷酸原系统的功能得以提升。在有氧训练中，运动员有氧代谢能力的提升也会促进无氧代谢能力的改善与提升，从而对运动员整体机能水平产生积极影响。因此，专项身体技能训练应结合运动员身体素质，进行合理安排，将训练项目和训练强度控制在科学、合理的范围之内，主要对网球运动员的心肺系统以及神经系统进行训练，使两大系统功能运行更为优良，在相互促进中为身体机能服务。

二、专项身体素质

专项身体素质是网球运动员专项体能的重要组成部分，也是高校学生在实际训练过程中的核心训练内容。身体素质调查及体能测验能够全面反映网球运动员的身体各项机能和网球专项体能情况。以重庆市某大学网球运动员的身体素质测验为例，此次研究主要将身体素质测验分为三级指标，并配备相对应的评价指标和具体测评内容。其中，二级指标主要对学生专项速度、专项力量、专项耐力、专项柔韧度及专项灵敏度进行测评。第一项专项速度测验主要测评学生的反应速度、动作速度、快速力量及移动速度。通过考察学生对不同信号刺激的快速应答和做出反应的应变能力、短距离跑步实践、单腿蹬地实践、网球出拍的时间和速度、下肢跳跃（包括立定跳远、纵跳以及连续三级跳等）进行速度测验，获取学生的专项速度能力。第二项专项力量测验主要测评学生的核心力量、快速力量及最大力量。核心力量主要依靠学生 1 分钟内屈腿仰卧起坐和腰腹肌力量数据获得；快速力量主要通过上肢左右抛实心球及胸前推实心球的方式获得；最大力量通过引体向上、俯卧撑、卧推、半蹲、握力、屈臂悬垂、深蹲的数据分析获得。第三项专项耐力测验主要测评学生的有氧耐力和无氧耐力。其中，有氧耐力通过学生耐久跑等固定距离的计时位移运动获得，无氧耐力通过固定时间的剧烈运动获得。第四项专项柔韧度通过坐位体前屈、横叉、纵叉情况进行测评；专项灵敏度测验主要通过不同方向动作、米字移动、十字象限跳等方式获得。

专项速度体能特征是指网球运动员能够准确预测和判断出网球落点位置，根据其落点位置迅速调整位置，在正确站位上进行有力回击。正是基于网球项目对于速度的高标准要求，才使大部分网球运动员的速度能力较强，反应灵敏。专项力量特征是网球运动专项体能中的核心部分，网球运动员的爆发力正是专项力量的重要显现。由于网球运动员在击打和挥拍过程中会不断进行多次抬臂和放臂的动作，手臂上方的肱二头肌在不断收缩中得到增强，上肢力量及下肢力量都能得到锻炼。因此，网球专项体能训练的核心在于对运动员的力量发挥进行训练，从运动员的整体力量提升到局部训练都必不可少。

三、专项身体形态

体质是人们进行各种劳动工作及生命活动的物质基础。体质体现了人们的身体质量水平，是人们在生理、形态、行为及生化上较为稳定的特征，可以反映出人们的生命活动及运动能力水平。身体运动是人们的自然属性，是人们生命活动的基础和必要条件。人体体质主要包括身体形态发育水平、生理生化功能水平、心理发展状态、身体素质、运动能力水平和适应能力等。身体形态水平主要与个体的体形、体格、姿势、身体组成成分及营养状况等因素有关。身体形态形成和发展不仅与遗传因素有关，还与个体的生长环境、营养状况及体育锻炼等多种因素有着密切联系。遗传只是为个体生长及身体形态形成提供了前提条件和可能性，而后天训练及营养养护则是决定个体身体形态的关键因素。因此，运动员机能和体态训练是网球运动培训的必要条件。

对于网球运动员而言，身高和体重是衡量其实力因素及身体素质的重要因素。当前运动员的身高主要有以下几个区间，从上到下依次为2米以上、191～200厘米，181～190厘米，170～180厘米以及170厘米以下。从近年来网球运动员的平均身高分布来看，处于181～190厘米这一区间内的人数最多，占网球运动员总量的56%左右，这一区间内既有双打网球运动员，也有单打网球运动员。其次就是处于170～180厘米区间，占网球运动员总量的28%左右。将以上数据做成图表进行正态分析可得，网球运动员的身高结构并不符合正态分布要求，说明网球运动对于运动员的身高要求限制较大，运动员必须处于合适的身高区间范围内，才能更好地进行网球训练和网球运动。一般来讲，身体越高的运动员在网球运动中的优势越大。从网球运动员的体重分布情况看，与身高类似，体重主要分为以下几个区间，从重到轻依次是85千克以上、81～85千克、76～80千克、71～75千克和70千克及以下。网球运动员的体重占比主要分布在71～85千克这一区间，占总人数的71%左右，这一体重较为匀称，在保证网球运动员耐力及力量的同时，有利于网球运动员进行灵活位置变动和快速击球。将运动员的身高与体重进行结合分析和关联度测验后得出，网球运动员的体重数据与身体形态结构较为对照和相符，运动员的身高变化及体重变化并没有呈现出趋势性变化，运动员的体重较为稳定，不会出现忽高忽低的变动。除了以上两个影响因素之外，克托莱指数（Body Mass Index，BMI）也是影响运动员身体形态的重要因素之一，克托莱指数是人体测量复合指标之一，被用于人体测量和人体学研究之中，是人身高与体重的单位比例，可以反映人体的维度、厚度及宽度等组织密度。同样将克托莱指数进行区间划分，分为500及以上、471～500、441～470、411～440、381～410以及380及以下这几个区间，网球运动员的克托莱指数主要落于411～470这一区间范围，大约占66.6%。通过数据检验发现，网球运动员的克托莱指数符合正态分布要求，呈现出明显的正态分布性。

在现代网球比赛中，网球运动员正在朝着全面型及进攻型发展，身材高大、体型伟健是网球运动员身体形态变化和发展的必然趋势。身材高大的网球运动员在底线上升点正反拍抽球、发球和网前高压球等多种技术操作中具有明显优势。但是，从前面的调查数据中也可以发现，过高的网球运动员也具有一定的局限性，身体过高会影响网球运动的灵活性和反应速度。网球运动需要运动员不断调换位置，进行四个方位的减速急停和加速冲刺，当运动员的身体过高时，相对应的步长也会增加，移动的准确性就会下降。因此，大满贯赛事中获胜方男运动员的 BMI 在增至 23.5 千克/米^{2}之后并没有持续性增加，而是相对稳定在这一数值。

第三节　网球专项体能训练方法

一、肌力训练方法，提升专项力量素质

一个优秀的网球运动员往往拥有良好的定位技术和运动效果。运动员

在拿到球的一瞬间需要快速做出反应，在恰当合适的位置做好击球准备，采用平衡的方式进行击球，完成有力一击。在此过程中，运动员应呈现出以下动作姿势：保持双脚踩实并借力地面，通过反作用力依次经过腿部、臀部和身体躯干直至最终到达球与拍的着力点，进行极具力量的击打。只要按照动作要求，搭建完整的动作链，使身体各个参与部位迅速完成相应任务，才是一次真正意义上的完美击球动作。通常情况下，运动员实现有效力量传递必须要满足以下两个基本要求：一个是动作力度和施加力量的保证；另一个是肌肉之间阻力的减小。通过对身体特定部位和多个部位进行拉伸，可以促进局部血液循环，使身体温度升高，从而使肌肉群处于相对稳定的活跃状态，不会因为后续的激烈运动和大幅度运动而受伤。网球运动中，起步动作及制动动作主要是无氧运动，网球运动中的移步及位置变化是无氧运动和有氧运动两种动作的结合。在辨别网球运动轨迹、来球速度及旋转方式时，还需要通过多个调整步进行击球，这些优势可以快速调换运动员的身体状态，使其由守卫状态快速切换为进攻状态。在一场对抗赛或者对抗练习中，运动员在 1 分钟内至少有 3～5 次的方向转变，以此类推，这意味着在一场完整的网球比赛中运动员至少要进行 500 次乃至更多次的方向改变和转体运动。因此，有氧运动是网球运动的主要肌肉运动方式。

基于以上分析得知，肌肉群体训练对于网球运动训练十分必要，以下是对肌肉训练内容和要求的基本阐述。在日常训练环节中加入肌力训练，能够为网球比赛中肌肉爆发和力量增强做好充足准备。除此之外，核心肌群、胸部及手臂是网球运动中发球操作及正反手击球等操作的重要参与部位，因此在肌肉训练中还应加强针对性训练，对这些部位进行特定训练。网球运动中需要运动员在网球场地进行快速位置移动，从一侧到另一侧的位置变动十分常见，因此运动员的腿部肌肉训练也是肌肉训练中的重要组成部分，有助于选手在球场上进行高效运动。肌肉耐力是指在运动中对抗肌肉疲劳的一种能力。肌肉耐力较强的运动员往往能够保持较长时间的肌肉活力状态，精力较为充沛，在比赛中的耐性较高。网球运动中比赛时间长短往往是不确定的，按照一盘耗时 1 小时的标准进行计算，一场网球比赛往往长达 2~3 小时之久，最长的网球比赛可能达到 5 小时甚至更长。网球运动员在采用正手发球时，背部肌肉及肩膀后部分的肌肉会得到伸展，而采用反手击球时，相同的肌肉部位则会在向心收缩之中使肌肉收缩。在专项肌肉训练中采用萃取的方式进行训练，有助于增强肩膀及背部肌肉的耐力，提高运动员的竞技水平。

萃取原本是化学实验探究中用于分离混合物质的一种操作方式，主要依托在不同物质之中的溶解度的差异进行分离，经过提纯操作后成为一种单一物质。"萃取"这一概念用于网球运动训练，主要是指在训练过程中，通过改变和优化训练方式及相应的动作，实现更高水平的训练，产生更好的训练效果，从而使改良后的训练具有专项性和针对性。具体来看，根据网球运动中击球动作和击球部位的不同，主要对运动者的腿部、肩部、手臂和手腕等进行针对性的训练。

例如，对运动者肩部进行训练。肩部肌群是网球运动中较常用的一个身体部位，很多情况下还会出现肩膀肌群过度使用的问题。在完成身体转向的过程中，肩关节中的多轴球状关节起着关键性作用，可以帮助身体更好完成多种技术性动作。运动员经常借助肩部关节对离身落地球进行击打，跳起来或者低位截取并击打来球。其中，以哑铃为训练工具进行肌肉训练十分有效。在正式训练前，运动员应处于以下基本准备状态：运动员挺胸，保持身体垂直，两侧的肩胛骨保持向后状态，双手紧握哑铃，将手掌放于大腿内侧，掌心朝向大腿。后手臂伸直，举动手臂与肩膀保持同一高度，掌心朝下，手握哑铃，保持2秒钟，而后调整至起始动作，进行重复训练。此外，还有俯身哑铃抓举肌肉训练项目，主要对运动员的三角肌主要肌群进行训练，对其中涉及的大圆肌、小菱形肌及大菱形肌辅助肌群进行训练。在训练过程中，运动员站直，两脚打开保持与肩同宽，呈放松状态，膝盖微曲，腰部放松，保持背部挺直。左右手各握住一个轻哑铃，手指关节朝向地面，掌心朝向地面。在举动哑铃进行提升运动时，应以手肘为支撑点和活动原点，双手握紧哑铃，抬起前部位手臂，使其升至肩膀高度，同样保持2秒钟，而后放下前臂，进行重复动作和力量训练。除此之外，进行肩部肌群的外展外旋训练，主要训练项目为90°外展和外旋运动，主要训练运动者的小圆肌和棘下肌。运动员应按照以下步骤和要求进行训练：第一，身体站直，双脚保持分开状态，两脚宽度与肩部宽度保持一致。运动员正面朝向拉力器，将其拉至与肩膀同样的高度，肩膀与肘部在此拉伸过程中保持90°垂直。第二，手握住弹力带向相反的方向进行肩膀外旋训练。在开始之前，运动者应使身体的前臂与地面保持平行状态，连续移动弹力带使前臂与地面垂直，在终点位置保持2秒时间。而后，手臂回落，变换另一只手臂进行重复训练。

二、身体形态训练

网球运动对于运动者的身高、体重及相对应的克托莱指数有较高的数据要求。身高是运动员竞技表现及运动能力构成的重要因素，也是评定运动员健康状况及生长发育情况的重要指标，能够反映一名运动员身体形态结构与生长发育水平之间的关系。从国内外优秀网球运动员的身体形态来看，大多数网球员，无论是男性选手还是女性选手，都拥有偏长的手臂及下肢，整个身体较为纤细，身材比例较好。上肢较长可以使运动员在更大范围内进行灵活运动，下肢较长则可以减缓运动员在位置调换中的移动距离和移动步伐，从而为其调整战术匀出更多时间。世界网球运动员身体素质调查显示，世界排名前 100 名的女性网球运动员平均身高都超过了 1.74 米，且处在 100~200 名区间的女性运动员平均身高也超过了 1.72 米，由此可见，网球运动员身高是网球运动的基本身体条件和要求。虽然身高及身体形态的部分指标属于先天性因素，不能被轻易改变，但是后天通过饮食搭配及相应的锻炼，可以使身高与体重的比例达到一个最佳状态，从而保证运动员在实际训练中更为灵活高效。

运动员的身体形态训练应遵循以下几点要求：第一，根据运动员的年龄进行适当安排。处于不同年龄段的运动员生长发育和机能状态有所不同，一般是先长高度，而后是宽度、围度和充实度，因此需要根据运动员的生长发育阶段进行灵活安排。第二，根据不同专项特点进行安排。不同运动项目中各个专项竞技能力的主导因素有所不同，这些专项竞技能力与身体形态之间是一种双向影响关系，两者具有一定依赖性。因而，实践训练中应根据不同运动项目的专项需求进行巧妙安排。第三，注意形态训练中遗传因素的影响。在选择训练方式和训练工具时，应关注和重视长度、高度及宽度等多项遗传影响较高的指标，在后天训练中更关注肌肉及体重等后天影响指标。

一般来说，网球运动员在身体机能及肌力训练过程中，身体形态会相应发生变化，身体形态更为匀称，身体指标更加符合网球运动需要。因此，网球教练应将身体形态训练与其他几项训练项目结合起来进行综合训练，在基础训练项目基础上，引入以下几种身体形态训练方式：第一，在高强度训练之前，进行压腿、下蹲等基础准备动作训练。网球教练可以指导运动员右手扶住辅助工具，将右腿放在栏杆或者场地杠杆上，膝盖绷直，后背挺直向下压。教练带领运动员进行下蹲训练，运动员右手扶把，左手向身体斜下方伸展，双脚脚跟并拢，脚尖打开呈一字线。下蹲，双膝向脚尖方向打开，臀部向前顶，这样可以抻拉大腿内侧肌肉。在训练之前和训练之后进行以上身体拉伸，可以缓解在训练中处于紧绷的肌肉状态，使身体机能逐渐恢复到正常状态，防止肌肉出现酸痛。第二，上肢体态训练，引入体操训练手段，采用臂部体操、颈部体操、侧身操、躯干操、平衡动作及转体运动等多种方式提升运动员的身体协调性和柔韧度，确保运动员的上肢与下肢得到整体训练，身体外形总体匀称和谐。臂部体操要求运动员将两侧手臂平举，向内做圆周运动，按照先腕部关节，后肘部关节，而后两臂伸展进行肩关节活动的方式进行臂部及肩部训练，顺时针方向进行四次操作后，变换方向进行重复动作，通过以上训练可以增强网球运动员关节的抵抗性和灵活性，提升运动员肩部及臂部的力量。颈部体操是指运动员身体站直，头部向右转动并快速回转，下巴向下接触到胸部即可，而后头部向左转动并快速回转，正反方向各做4次，在过程中调整呼吸，保持自然呼吸状态。通过颈部训练可以提升网球运动员头部的灵活性，进而在实际比赛中能够根据对方来球的方向灵活变动头部，保持对来球的警惕。躯干操要求运动员身体站直，身体上部缓缓向前展开，塌腰，两侧手臂平举，而后慢慢直腰，在此过程中，运动员的腰部得到训练，且缓慢呼吸有助于运动员提升心肺力量，掌握正确的呼吸方式。侧身操是指运动员将两腿分开，两臂上举，上体左右侧屈，使身体重心由一只脚移至另一只脚，重复14~16次，自然呼吸。侧身操通常用于剧烈运动之后的拉伸及训练开始前的身体拉伸，能够预防和避免身体由于短时间剧烈运动产生的肌肉拉伤及其他状况，使肌肉逐渐展开，进入运动准备状态。第三，核心肌肉训练。

核心肌肉是支撑运动员迅速击球的重要力量来源，核心力量增强有助于提升运动员的综合实力，帮助运动员在快速位置移动中依然保持身体稳定，身体重心不受影响。而且核心肌肉群在运动员身体形态中扮演着重要角色，是身体形态构成的重要组成结构。基于此，网球教练应对运动员的腹横肌及下腹肌进行针对性训练。在核心肌肉训练过程中，可以通过单腿蹲、平衡垫平衡式、站立、双腿置于平衡球上的支撑练习、健身球反向划船、俯卧撑等多种方式进行腹部肌肉训练。

三、身体机能训练措施

基于以上关于网球运动员身体机能论述可知，网球运动员在运动中心肺功能和呼吸功能的参与性较大，因此，在身体机能训练中应主要对以上两种身体组织系统进行针对性训练。在网球运动和训练过程中，运动员往往会进行间隔性高强度的运动和短暂休息，且运动时间较长，高强度运动可能会持续 1~2 小时。网球运动的比赛时间可能会由于双方赛况而适当延长或者缩短，网球比赛时间的不确定性使网球运动员必须具备较好的身体机能，能够为运动员的高强度训练和活动提供充足的体力支撑和耐力支撑，在这一过程中，运动员的心肺功能起着重要的作用。心肺功能抗性和耐性的提升主要依靠对运动员进行耐力训练，在持续累加的多次训练中增强运动员的身体机能。耐力素质是指人们能够长时间保持活力，身体处于工作状态，续航能力较强。网球运动员的耐力特点与其运动特质有关，第一，网球运动的工作强度变化无常，动作多样，是一种非周期性的运动项目；第二，网球运动不仅涉及动作强度较大的肢体操作，还涉及强度较小或者中等强度的动作，要求运动员身体协调；第三，在紧张的比赛中长久保持神经紧张。

网球运动员可以通过以下几种方式进行耐力训练：第一，采用整套练习方式，将普通变速跑、侧滑步跑、侧身跑、后退跑、冲刺加速跑等不同跑步方式组合搭配，进行耐力训练。跑步是提升运动员心肺功能，增强腿部肌肉力量的重要途径，但是单一的腿部训练和跑步练习是不够的，不能满足网球比赛中对于运动员身体机能的要求。因此，采用多种跑步方式进行组合训练，使运动员跑步训练移动规律不再固定，能够使运动员在实际比赛中更好更快适应比赛节奏和比赛环境，进入最佳防御和攻击状态。其中，越野跑是培养运动员耐力、提升身体机能的良好方法。运动员可以将训练跑道跑步想象成越野跑，根据自身状态及训练要求改变跑步速度，结合短距离冲刺和加速跑等多种形式的跑步。同时，运动员还可以模仿越野跑中遇到矮树丛进行跳跃和摘够的动作，像击打高压球一般，组合弹跳力训练及网球动作进行耐力训练。根据运动员年龄和身体机能的不同，青年运动员在跑步训练时的心率应控制在 140 次/分钟以上，170 次/分钟以下，在运动员适应训练强度后逐渐增加跑步的距离，提升训练难度。30 岁以下的最佳训练标准为女性在 2200～2600 米，男性在 2400～2780 米。网球教练可以引导运动员进行 5 分钟变速跑，在训练场地以 50 米作为变速点，50 米快速跑，50 米慢速跑，快慢交替进行耐力训练。

第二，连续跳绳也是耐力训练的一种常见方式。网球运动员通过长时间持续跳绳，中间改变和调换跳绳的形式，可以采取向后跳、向前跳、原地跳及向两侧跳等多种方式进行耐力训练。训练中，网球教练要求运动员在跑道上做连续向前跨步跳的动作，每组动作 30 次。连续跳高台，要求运动员并拢双脚，在场地中的看台和楼梯上进行连续跳跃高台的练习，运动员根据自身能力情况进行每组 20～40 次的训练。左右跨步跳要求运动员两脚处于开合状态，左脚蹬地，右脚紧随向右跨步，而后调换方向，进行连续多次的训练，每组训练中两腿应各跨越 30 次。

第三，将耐力训练与网球技术训练组合起来进行体能训练。左右移动组合技术练习要求运动员左右移动，进行底线抽击球练习，练习有效性以好球为记录，30~50 个有效球为一组。前后移动组合技术练习要求运动员通过前后方位移动，进行高压球及截击球两者的交替练习，练习有效性以好球为记录，20~40 个有效球为一组。除此之外，左右方位的组合技术练习还包括截击球及击短球练习，练习有效性以好球为记录，20~40 个有效球为一组。

第四节　网球运动训练基本原则

著名体育科学博士田麦久将运动项目的训练原则划分并归纳为九个种类，包括动机激励原则、周期安排原则、直观教练原则、适时恢复原则、竞技需要原则、系统训练原则、有效控制原则、区别对待原则和适宜负荷原则。本书在此基础上总结出网球运动训练的四个基本原则：安全性原则、系统性复合原则、适量区别原则和一般训练与专项训练相结合原则。

一、安全性原则

在体育训练过程中，确保学生的身体健康和机体安全是教师员首先应考虑的问题。学生在受伤后很长一段时间内需要静养，不能进行激烈的运动和强度较高的训练，这也意味着学生的运动能力下滑，出现网球技能生疏的现象。

安全性原则是运动体能训练的最低守护线，是网球实践训练活动得以展开的基础。因此，在网球实践训练中，严格遵循安全性原则，树立正确的安全防护意识十分必要。一方面，加强对学生的思想教育工作，使学生具备较高的安全意识和身体防护能力。网球教师应在具体训练开始之前，对学生进行充分的安全教育，向学生普及一些有关网球训练和运动防护的安全常识，通过亲身示范及实例讲解的方式，将训练过程中可能出现的身体损伤及问题予以充分全面和细致具体的说明教导，使学生在训练之前便对可能出现的危险有充足的把握，在遭遇问题时能够更好地规避风险。学生应积极配合教师的安全教育及实践训练，端正学习态度，按照安全教育内容进行科学合理的操作和训练。

另一方面，网球教师应注意训练过程中的方式方法，例如，在对学生的肌肉进行训练时，主要以增加肌力为主要目的和主要内容，以进一步增强学生的肌肉结构，使其肌肉结构和组合得以优化。虽然在肌力训练中应以学生所能承受的最大负荷阈的突破及增长为主要目标，但是也要保证学生的身体安全方能展开训练。在力量训练的初始阶段，一般所加的负荷阻力较小，以免过高强度的阻力训练对原有的较低承受性的肌肉群体造成迫害，影响学生的身体安全。而后在此基础上，根据学生的耐受程度酌情增加负荷。在使用杠铃等辅助工具进行力量训练时，教师应注意学生腰部位置受损，提前带领学生进行训练部位的热身活动，避免出现肌肉拉伤的问题。

网球教师在正式开始训练之前，应带领学生进行适当的热身运动，在完成训练项目之后，则应带领学生进行缓和运动。缓和运动是与热身运动相对的运动，通过缓和运动，能够使学生由身体较为活跃的状态逐渐恢复冷静状态，帮助学生缓和心跳，降低心跳频率和体温，使其肌肉获得放松。

网球教师应加强与学生之间的交流与沟通，从而了解学生在训练过程中的身体状况，掌握学生训练进展和训练情况。当网球教师发现学生无法适应高强度训练内容，或者无法跟上训练进度时，应及时调整训练计划和训练内容，给予学生充分的帮助和科学引导，将学生的安全问题摆在首要位置，从而使运动训练的效率和质量得到进一步提升。

二、系统性复合原则

网球运动对于学生的各项身体指标和身体综合素养要求较高，在实际开展网球运动时，需要进行全面有效的身体训练和素养提升，确保学生能够适应高强度的网球运动。一方面，在训练过程中，教师应牢牢遵循系统性原则，结合运动员最初的身体机能检测情况，明确身体的最大承受极限，而后进一步根据以上基本数据制定行之有效、适合运动员个体发展的持续性的训练模式，依照循序渐进的训练原则逐渐加强训练难度，提升运动员的运动成绩，使运动员的身体素养逐渐得到夯实与提高。另一方面，在网球运动训练中，教师应结合网球运动的周期性特点，挑选适当的时间帮助学生温习前面已经掌握的网球控球技巧和发球技能，并根据其周期性特点，灵活组织设计和调整搭配训练的强度、力度及训练内容。在一个相对完整的训练周期和运动周期中，教师应尽量避免出现单一化、固定化的训练内容，不能仅仅通过重复性动作练习提升学生技能，而是采取具体问题具体分析的处事原则和训练原则，在原有训练模式下采取对应的措施，更具针对性地解决和消除训练过程中的重点及难点，通过仔细观察不同学生在网球运动训练中的动作缺陷及薄弱之处，进行重点分析与动作讲解，通过实际演示和亲自示范消除学生的疑虑，将学生的竞技水平提高到较高的阶段。

网球运动项目是在高速的加速、减速和方向的改变下击球的一项高强度间歇的运动项目，快速伸缩复合训练利用"拉伸缩短周期"（Stretch-Shortening Cycle，SSC）的快速周期性肌肉动作，使肌肉经历一个离心收缩，然后到向心收缩前的过渡期，一个学生的脚踝在跳跃过程中的拉伸缩短周期的运动顺序为离心—过渡—向心。因此，SSC通常被称为肌肉的可逆运动，并且每当身体部分改变方向时，其存在于所有形式的人体运动中。系统性复合训练原则及快速伸缩复合训练是一种由量变到质变的累积过程，对于学生爆发力、平衡、变向速度及投掷跳跃等皆有益处。因此，高校网球教师在设计教学过程中，组织学生实践训练时应当合理设定和安排训练强度、训练量、间歇时间、训练频率等关键性影响因素。网球教师可以采用多种手段控制训练强度，对负重、远度和高度等进行合理调控，使快速伸缩符合训练强度，以跳跃为例，从原地跳跃、立定跳跃到多级跳跃，逐渐增加跳跃难度，强化学生的弹跳能力。根据学生身体状况设定低强度、中等强度及高强度的项目训练次数，进行科学规划。在遵循系统复合型原则进行训练时，间歇时间安排十分重要，学生只有得到充分的恢复和调整，在次与次之间、组与组之间、课与课之间能够得到充分休息，才能够在之后的训练学习中保持较好状态。不同训练项目的强度不同，因此所对应的间隔时间和恢复时间也应当有所差别，教师应当寻求适合于学生的最佳间歇时间，进一步提升训练效率，在保证学生身体安全的前提下获得最佳训练效果。

三、适量区别原则

在对学生训练过程中，应始终坚持因材施教和分类指导的原则。不同学生具有不尽相同的身体素质、生理水平、心理承受力及神经特点，在面对同一网球运动训练项目时也会产生相应的区别。一些身体素养较好的学生倾向于选择难度较高、强度较大的训练项目；而一些身体素养较低的学生更需要采取循序渐进的方式进行体能训练。因此，在网球运动训练过程中，不能一概而论，采取毫无差别的、千篇一律的训练方式。在网球训练安排中，教师应根据每一个学生的基本情况进行区别处理和个性化设计，搭建层级式训练模式和训练内容，允许学生根据自身身体情况和练习情况进行自行选择。在此过程中，教师不应过于看重和强调训练的力度、数量及强度这些显性数据内容，以防止学生在训练过程中出现身体威胁及其他突发性健康问题，影响学生的持久训练，应以学生最终的技能提升情况和身体素质情况为评测指标。

教师在展开训练，进入正式训练活动之前，应先带领学生做一些简单的热身活动，热身活动可以使身体逐渐从相对静止的状态过渡到活跃的状态。热身运动的可选范围较为广泛，其中身体拉伸、广播体操是较好的运动方式。身体拉伸、体操运动能够使学生的腿部、腰部及臀部等不同部位的肌肉与关节得到放松。这些基本关节及部位是网球运动训练中较常用的部位，提前热身有助于促进血液循环，使这些部位处于充分准备状态，同时这些热身活动有助于增强学生的心部和肺部等不同器官的功能，提升肌肉的代谢速度，进一步提高肌肉群的工作效率，防止因韧带及肌肉等强烈运动后造成的身体受损与不舒服。在运动结束之后，教师应引导学生进行及时的放松和整理活动，进行身体拉伸。当运动突然停止以后，如果原本将流向肌肉的血液在短时间内没有得到很好恢复，或者血压急速下降，会致使学生的大脑供血不足出现贫血问题，表现为心跳缓慢、气短等症状，更为严重者还会出现头晕和恶心的症状。例如，在完成高强度的激烈网球竞赛或者跑步体能训练后，教师应带领学生通过慢走、拉伸等方式，使身体肌肉得到放松，逐渐恢复身体的自然状态，保持身体良好运转。

四、一般训练与专项训练相结合原则

在体育活动中，运动训练及实践活动的展开在于保障训练的全面性，也就是确保一般训练和专项训练的有机结合。一般训练可以全面提升网球运动员的身体机能、耐力水平及身体柔韧度，对学生的综合实力大有裨益。而专项训练则是具体针对学生的某一部位、肌肉进行专门训练的方式，能够使训练部位的反应速度和机能水平在短时间内得到迅速提升。因此，两者的结合能够更好地满足运动训练的需求，培养学生具备较高的专业能力和运动技能，全面提升其体育水平。具体来看，网球运动训练中一般训练与专项训练的组合运用具有以下几方面优势：第一，一般训练能够夯实学生的身体地基，为专项训练打好基础，从而逐渐增强网球项目训练的难度，使学生逐渐承担更大体量的训练负荷，更好地适应激烈的网球比赛，延长运动寿命。第二，与专项训练相比，一般身体训练的手段较为丰富和多样，能够克服和消除专项训练对身体造成的片面影响，促使学生正常发育，形成适合网球运动的身体形态。两者结合，还能够克服专项训练单一的练习方式，提升训练的趣味性，消除学生的精神疲劳，引导学生进一步实现由非专项技能向专项技能的成功转型。第三，在一般训练的基础上，学生对于专项训练技能的掌握度更高，专项动作操作更加符合生物力学的要求和规范，从而能够以更加标准的动作和姿态进行网球运动。

一般训练要求网球教师应在基础训练内容上进行创新发展，引入多种不同的训练方式，进一步丰富训练内容，激发学生的训练热情，对学生的各项身体机能进行全面训练，达到强身健体的效果。专项体能训练由专项身体机能、专项身体素质和专项身体形态三方面共同构成。在训练中根据各自在专项体能中所占的比例来合理分配训练时间，不管比例的大小，三

者缺一不可。专项训练要求教师结合网球运动的动作要求、机体要求和技能要求，在网球训练目标的指引下，进行具体安排。网球比赛可以体现专项体能水平，而其实质是各种技能战术使用和学生体能水平、心智水平的比拼。脱离技能战术的专项体能训练不能称为专项体能训练，因为其脱离了训练的出发点、落脚点和使用环境。专项体能训练的最终目的是发展运动能力，获取更好的运动成绩。因此，专项体能训练必须围绕发展运动能力开展，而运动能力可在比赛中体现。

一般训练项目的内容应对专项训练内容有较高的辅助性作用，既能满足学生全身训练的基本要求，还能够进一步反映专项训练即网球技能训练的特点。网球教师应协调和平衡好一般训练与专项训练在总的训练计划中的比例，根据训练对象、训练任务及训练时期的不同进行科学安排。在没有特定网球比赛时期，训练目的在于维持学生的基本身体机能，使学生身体结构处于稳定状态。这时的一般训练内容比重较大，专项训练内容应适当缩减，为学生之后的比赛积蓄力量；当有邻近的网球比赛时，为了使学生尽快进入准备状态，身体机能得到快速提升，应加大专项训练的比重。

第二章　高校网球教学的重要性

第一节　网球锻炼对于学生身体形态的积极影响

形体美是体育与美育结合的综合表现形式。人的身体及躯干的舒展及发育需要遵循美的规律。形体美主要包括身体、姿态及线条等造型美，筋骨、肤色及肌肉的肌体美及运动中散发出的生命活力之美。人体美是无数艺术家及运动专家在实际研究中的美的矿源，因为运动产生的美更为纯真和自然。大众更为接受和喜爱的身体形态往往是具有强劲有力的姿态、高大威猛的体形及英俊健美的体格等类型。形体美塑造必须基于人体科学研究，在此基础上依照运动生理学、解剖学、心理学、美学及运动力学等多种学科原理的要求和指导。网球运动基于以上科学原理要求，是较为符合人体美学要求和形体美要求，实现姿态及体形养成的最佳锻炼方式。

网球在身体形态塑造方面表现出独有的优势和益处。一方面，从大学生身体素质和体形发展情况看，与高中时期相比，大学课程、学术研究及学业等压力较小，学生快速摆脱了高中时期的高压力状态，从而造成男大学生肥胖及超重的比例明显增高。而且大学时期没有硬性体育测验的要求，学生缺乏基本的身体训练，身体消耗及代谢速度的减慢也容易造成大多数大学生表现出肥胖及身体虚弱等状况。与之相对应，基于当前"以瘦为美"的理念宣传，造成人们的观念误区，许多女大学生开始通过节食及某些不利于健康的手段进行减肥，其体重过度低于正常水平，同样不利于其健康成长和良好体态的养成。而网球运动是一种充满力量性和合作性的运动项目，较为符合大学生的运动需求，更能激发和带动大学生的运动热情，受到大学生的喜爱。通过开展网球运动项目训练，有助于吸引更多大学生的参与，在积极健康的体育运动中养成较好的身体形态。另一方面，从网球运动自身来看，在网球运动中，运动员进行进攻时往往会对球体进行凶狠的抽杀，大力发球，而在防守时处于快速移动及积极应对的身体状态，在双方队员的互相往来及斗智斗勇中进行快乐比赛。网球运动不仅对于运动员的网球技术要求较高，还能够进一步锻炼参与者的多种关节部位和肌肉群。关节部位在多次重复扭转及屈伸中能够将原本粘连的肌肉逐渐拉伸开，使其更加灵活。而人体的膝关节、脊柱、踝关节及肩部关节的柔韧度也可以获得进一步提升。

体质指数是衡量和判断个体身体体型和身体形态的重要指数。1990年，世界卫生组织（WHO）公布了体质指数的计算公式，认为个体体重与身高平方之比是体质指数，并将这一公式推广到世界各地。同时，WHO依照公式提出了人类体质指数的标准范围，认为凡是体质指数低于18.5的为体重过低，而处于18.5～24.9的数值则判定为正常，拥有较好的体质。处在25～28区间的数值判定为体重超重，大于28视为肥胖。对网球运动员运动前后的身体体质指数进行检测和数据对比发现，网球运动之后，运动员的体质指数变化不明显，但是整体身体素质正在朝向正常的指标和方向发展。从身高指数看，即使一些学者认为网球运动能够刺激个体生长发育，对于身高增长具有一定的促进作用，但是由于成人身高已经较为固定，所以网球运动对于其身高没有较大影响。已有数据调查显示，处于 11～15 周岁的青少年群体经过网球训练之后，身高增长较为明显，由此可见，网球运动对于个体发育具有一定的刺激作用。网球训练中要求运动员不断进行跑步和机能训练，进行多次垂直方向和横向方向上的移动与跳跃，因此能够促进骨骼增长，有助于个体身高增长和身体发育。

从体重层面看，网球运动是一项兼备有氧和无氧的运动，运动员在长期有氧运动之后，个体的体脂得到适当下降，运动员通过摄取优质蛋白，身体肌肉含量出现增长，身体肌肉结构更为合理。人体体脂含量是指人体中脂肪重量占总体重的比例，体脂率可以反映个体身体健康状况，对于个体外形体态也有重要的影响作用。人体脂肪主要存在于腰腹部位和内脏之中。脂肪与肌肉组织的合理占比和分配有助于个体形成标准身体形态。长期坚持锻炼，处于运动状态中的运动员往往拥有较低的体脂率，身体形态较为纤细匀称。在网球训练之前，男生的体脂百分数大多处于正常范围之内，而女生由于饮食问题和个体遗传等客观因素，大多体脂过多。经过网球训练之后，超出体脂标准的男生体脂百分数已经逐渐下降到正常的指标范围内，而女生的体脂下降程度尤为明显，大部分也进入正常范围内。网球击球主要由准备姿势、借力引拍、挥拍击球和击球随拍四部分构成，从运动中的肢体分解来看，下肢移动发力，配合身体躯干转动，加上上肢部位的扩胸、肩部和肘部的环绕运动形成一个运动闭环。在此过程中，需要运动员全身部位的参与与配合，身体多个部位得到了无氧和有氧锻炼，能够起到较好的降脂作用。长期进行网球运动有助于身体塑形和身体健康。

有关研究表明，当人体内部脂肪含量过高，腹部脂肪堆积较多时，身体的肌肉成分会相对下降，从而影响整个身体的代谢速率和代谢水平，引发慢性疾病及一些其他疾病，当面对病菌及流感侵袭时，自身免疫系统功能较为疲弱，无法应对病菌攻击，比正常人更易受到感染。因此，身体形态调整不仅对学生的身体外部特征有较大益处，也会间接提升学生的身体素质，改善身体结构，进而预防现代常见疾病和慢性疾病的发生。例如，由于现代工作环境的改变，久坐办公室的人越来越多，人们由于长期处于久坐和压缩状态，容易导致腹部脂肪堆积，引发高血压、心脏病及高血脂等常见疾病。青少年群体的老年病症产生与表现时期也相对提前。一般来说，成年男性的正常体脂含量为 15%～18%，女性稍高一点，在 25%～28%，无论是过高或者过低都不利于个体生命健康。如果体脂过高，可能出现动脉硬化及高血脂问题，如果过低则可能引起部分功能失调等问题。

通过网球训练，男女球员的身体成分指标也发生了较为明显的变化。虽然从体重上看，变化幅度较小，但是体脂已经转化为肌肉的重量。女生与男生相比，脂肪含量改变数值较大，在瘦体重方面上浮变动趋势较为明显。瘦体重和肌肉含量是其中最重要的两个变化因素，肌肉含量变化是此次实践探究的主要关注对象。人体肌肉主要包括骨骼肌、心肌及平滑肌三种，其中占比最大的就是骨骼肌，是确保人们正常行走、跳跃及跑步的重要肌肉支撑。所谓瘦体重是指人体内除了脂肪之外的非脂肪组织，包含水分、骨骼、矿物质及肌肉等成分，瘦体重主要承担能量转换的任务，帮助人体进行水盐代谢，促使身体各项机能处于正常运转状态。因此，瘦体重提升是网球训练中的主要目标，瘦体重提升会带动运动能力及氧耐力的提高。瘦体重数值较高的运动员身体形态往往更为匀称协调。从实践观察中得知，网球运动是一项需要全身参与的综合性运动，选手在正反手击球和发球过程中，为了进行位置变动需要转移身体重心，进行多次身体转体及跨步动作，这些动作需要腰腹部发力，对臀部及腰部进行较多锻炼，当肌肉得到长时间训练，肌肉纤维的数量及围度也会明显增多，肌肉截面得到扩大。人体肌肉含量的增加能够促进机体更好适应高强度的训练和锻炼活动，确保人体的正常生活和有效运动，以此逐渐达到身体塑形的目的。由此可见，虽然身高和体重的变化数值不大，但是运动员的身体机能明显得到较大提升，长期网球课程训练和实践锻炼对于良好体态养成具有积极影响和促进作用。

柔韧素质是人体身体形态的重要指标，也是关乎运动员身体机能发展的重要因素，柔韧素质指标越高的人往往具备较好的运动操作优势，做出高质量标准动作，其动作更为舒展和优美，且柔韧素质较强的人在训练过程中往往不易发生身体损伤，身体耐性和抗性较高。一般来说，身体柔韧度的测量指标主要依照人体在坐位体前屈项目中表现出来的背部与腿部的柔韧性进行衡量。实践调查发现，在网球锻炼之后，男性的柔韧度涨幅不大，女性的涨幅相对明显。人的身体柔韧度受到多种因素的综合影响，其中最重要的影响因素在于关节结构和韧带的伸展性，与此同时，个体肌肉放松程度、脂肪与缔结组织之间的限制也是重要影响因素。关节生长和结构受到遗传因素的影响较大，后天通过一定运动可以适当改善软骨组织的厚度，但是效果较小。由此得知，网球运动有助于降低运动员的脂肪含量，运动员通过一定时间的网球练习，脂肪量明显减少，脂肪含量的减少可以间接影响关节活动限制，降低关节活动桎梏，从而提升关节柔韧度。同时，网球运动是一项体能消耗较大的运动项目，运动员在此过程中身体新陈代谢加快，产生大量的热量，体表温度和体内温度随之升高，可以减少肌肉之间的黏滞性。由此可见，网球训练对于人体柔韧素质的提升也有一定的促进作用。

第二节　网球锻炼对于学生身体机能的积极影响

一、球类运动有助于提高学生心肺功能

人体全身均需要依靠氧气，以燃烧体内储存的能量，让它们变成热能，器官及肌肉得到热能才能活动。氧气由肺部吸入，故肺部容量大小及活动次数便很重要；而心脏则负责把氧气通过血液循环系统送到各个器官及部位，故心脏跳动的强弱会影响血液的流量。心肺功能包括血液的循环速度、心脏跳动的强弱、肺部的容量及次数。心肺功能是耐力运动的基础，通过科学合理、适量有效的运动能够改善人体心肺功能，提升个人身体健康水平，进而提高人们的生活品质。心肺功能对于不同运动的适应性变化由运动强度、运动频率及运动时间等因素共同决定。在运动过程中，人体心率会发生变化，运动时的心率变化由运动强度及运动持续实践决定，人体心率变化与工作强度成正比，在运动之后人们心率的恢复时间主要由机体机能状态、运动强度等因素决定，身体机能状态越好的学生往往能够在短时间内快速恢复到正常状态。在心血管中枢系统综合管理下，心理变化主要由神经因素及体液因素两者决定。神经因素包括肌肉和关节、交感神经兴奋、心脏朋氏反射、牵张窦房结等，体液因素也为慢相因素，主要包括血

液的化学性变化、体温升高及交感肾上腺系统分泌激素等。在运动过程中，人体血管状态会相应发生改变，适应高强度活跃的运动项目。在此期间，人体血管中毛细血管的开放增多、新生毛细血管数量增加、毛细血管与肌纤维的比值增大，收缩压升高，舒张压的变化较小。

从呼吸系统对于运动的反应和适应情况看，呼吸主要由外呼吸、内呼吸以及气体运输三个基本环节构成。运动过程中，机体的代谢增强，呼吸三个环节也产生一系列的变化，从而更好满足人体代谢需要。运动时呼吸明显加深加快，从而使肺部通气量得到增强，每分钟的通气量由原先的6~8升到80~150升，呼吸频率也由每分钟12~18次到40~60次。氧气在肺部的扩散效率也在不断增大，提升气体流通速率，运动时的唤起功能在不断发挥作用。

按照学生健康发展和全面发展的需要，提升学生心肺水平和身体素质，促进学生身体机能的恢复和完善，改善学生神经系统功能，能够使学生更易适应自然环境和生活环境变化，拥有健康的体魄。健康不仅仅体现在外部形体上，表现为肌肉发达和外表强壮，其核心与实质在于人类内部心肺功能的健康。心肺功能是为众多器官和生命基本单位提供充足营养的重要人体器官，能够为人体器官正常运转和细胞活性完整提供充足的氧气与营养物质。由此可见，心肺是全身器官与组织得以良好运转的最基本保障。人体各种活动都离不开氧气的支撑，身体内部无时无刻不在进行有氧呼吸和新陈代谢，从而燃烧体内储存的能量，将其转化为热能，为器官及肌肉提供能量。人体通过肺部从外界环境中吸收氧气，肺部是承载氧气、运输氧气及气体交换的重要平台，因此，肺部容量大小及活动次数与有机体活动有着密切关联。心肺主要利用血液循环系统将氧气运送到各个器官和组织中，心肺跳动的强弱也会对血液流量产生影响。当人体心肺功能得到增强后，会带动全身呼吸系统与血液循环系统的工作效率和工作质量，从而提升个体进行有氧运动的时效和质量。有氧运动是指有氧气参与代谢提供能量的运动形式，一般有氧运动的持续时间为 20 分钟及以上，在此过程中会消耗人体中的糖类储存和脂肪储存，当进行中等强度的运动项目时，人体心率一般保持在每分钟 140 次左右。有氧运动一般为全身性运动，身体 60%~70%的肌肉群都会参与其中。

球类体育运动对于学生有氧运动及心肺功能提升有着较好的促进作用。高校对抗性球类运动包括足球运动、篮球运动。男生一般比较青睐于足球和篮球两种球体运动。足球运动是多人参与的一种大肌肉群运动项目。足球运动要求运动员下肢部位肌肉发达，可以灵活带球进行传球、运带、头顶球及射门等一系列操作，可以进行无球时的冲刺、慢跑、快跑和冲撞等。足球运动员的腿部肌肉都较为发达，一般足球比赛的时长为 30 分钟左右，在长达半小时的高强度运动下，需要学生具备较高的心肺功能和运动持久力。据统计，一场足球运动中，运动员经常要跑 7~9 千米的长度，足球运动之后，运动员的体重有明显改变，消耗掉很多热量和身体脂肪。篮球运动也是男生较为喜爱的一项对抗性球类运动，篮球运动要求队员之间的协同与配合，是一项集体性项目。篮球比赛一般是 5 对 5 的比赛，持续几十分钟左右，较为正式的篮球比赛时长为 50 分钟。在比赛过程中，运动员的心率可以保持在每分钟 140 次及以上，每小时消耗大概 412 卡热量。篮球运动要求运动员身体协调性较高，身体全部肌肉参与，完成运球、投篮、抢篮板、传球、突破及跳起投篮等动作，篮球运动不仅能够提升学生的有氧运动能力，还可以全面提升学生的身体素质和健康水平。

网球属于隔网球类体育运动项目，现阶段，高校类似的对抗类球体运动项目还包括排球运动和乒乓球运动等。隔网球类体育运动项目是男女生可以同场合作进行对打和比赛的一项运动，此类运动可以增强团队内队员之间的合作精神，促进学生之间友谊和感情的形成，同时可以提升学生的呼吸系统功能与血液循环功能，提升学生的整体综合素质和体育能力。排球运动一般规定双方各为 6 人，双方队员通过发球、传球、垫球、扣球和拦网等操作进行进攻和防守。从技术动作层面看，排球的动作是单个的，通过单个动作的联合形成战术防守和对抗。运动员在比赛中需要快速移动位置和跑动，与组合战术和动作相匹配。排球运动与篮球运动相比，强度略低，运动过程中的心率一般保持在每分钟 140 次以下，每小时消耗 319 卡能量，运动强度处于中等水平。乒乓球比赛是在一定范围内下肢不停移动和快速反应，手握球拍不间断进行挥拍、削球和推挡运动，是进行双人对打和组合对打的项目。乒乓球的运动强度也属于中等水平，每小时消耗大约 360 卡能量，运动心率保持在每分钟 150 次左右。乒乓球有助于缓解学生眼睛疲劳，对于运动员的神经系统要求较高，能够锻炼学生的注意力和反应能力。羽毛球也是大学生较为喜爱的一项运动，运动强度相对较高，运动过程中的心率在每分钟 160 次左右。运动员需要快速跑动，移到指定位置，而后手臂大幅度挥动进行防球和挥拍击球，对于运动员的膝部关节支撑要求较高。

二、网球运动有助于提升学生心肺功能

心脏是人体最重要的器官，每分钟都处于搏动状态，一分钟之内的搏动次数就是心率。正常成年人每分钟的静息心率处于 60~100 次，平均心率为每分钟 75 次左右，但是个体心率数值受到多种因素的影响，不同年龄和性别、身体状况与心理状况的人心率数值存在一定差异。从性别层面看，成年男性与女性相比，心率数值略低。在锻炼和运动之后，人体机能发生

变化，体能改善，心率适当转慢，因此运动员的心率要比正常人的心率偏低，平均跳动在每分钟 50 次以下。除此之外，个体的某些行为和外界因素，如情绪干扰、进食、环境与体温等也会影响心率数值。

网球运动的供能体系主要包括糖的无氧酵解、糖和脂肪有氧氧化系统及 ATP-CP 等。正规网球训练主要以无氧氧化提供能量为主。但是由于大学生网球课程和实践训练中的强度较低，与正规网球训练相比稍有不同，网球课程教师通常以网球基本操作技术为训练内容，前期训练主要是以理论课程讲授、动作演示及模拟练习等方式为主。大学生刚刚接触网球运动时，对于发球、挥拍及击球等动作还不够熟练，在接球与发球时常常出现失误的问题。因此，在网球运动对于学生心肺功能提升的实践测验中，学生的网球训练强度不大，其中主要以有氧运动为主，由有氧运动支撑身体运动供能。通过长时间的有氧运动，运动员的静息心率有所下降，在运动过程中，运动员交感神经元的活性和兴奋度下降，而迷走神经张力却得到适当增强。此时，心脏心室舒张期得以延长，心室更为充盈，能够承担更多能量供应的任务，为身体器官运转提供充分的营养支撑和氧气支撑，有助于减少心肌的耗氧量，心脏有效做功更具高效性和经济性。研究表明，当持续进行七周的规律性运动后，人体的安静心率就会出现降低现象。通过长时间适当的有氧运动，人体心脏泵血功能增强，脉搏输出量就增加，则向全身肌肉组织供氧的能力就更强，脉搏跳动次数就会适当减少。

肺活量指人体单次呼吸的最大通气量，其数值可以反映个体呼吸机能的潜在能力。个体年龄、性别、身体状况等因素都会影响肺活量的数值。一般来讲，女性的肺活量小于男性的肺活量，而老年人和小学生的肺活量相对较小。正常成年男性的肺活量数值处于 3500~4000 毫升，成年女性的肺活量数值处于 2500~3000 毫升。人体在参与有氧运动的过程中，肺部需要充分摄入足够的氧气，并将氧气转化为能量，依靠心肺系统和血液循环系统将其运输到身体的各个器官与肌肉组织中，在整体呼吸过程中，肺部除了需要吸收氧气之外，还要将人体内代谢产生的二氧化碳气体排放出去。研究显示，具有运动习惯和锻炼习惯的人呼吸力量较强，呼吸系统较为发达，呼吸深度得到增强，能够提升肺部运输气体的效率和质量。呼吸肌的收缩力量增强可以进一步扩大胸廓的活动范围，提升肺部组织的生长发育与扩张，从而提高肺活量。当前青少年团体由于长期缺乏体育锻炼，身体机能情况较差，与正常数值相比，肺活量水平较低。而在参与网球训练之后，他们的肺活量水平得到了明显改善，有明显提升。网球运动供能属于混合性供能方式，其中涉及有氧代谢供能、糖酵解系统和磷酸原系统。大学网球课程除了基础动作训练之外，还逐渐加大课程难度和训练强度，学生在训练过程中可能会接触快速跑位、大力击球及疾跑急停等动作，运动强度较高，全身器官和组织需要大量的氧气，这就要求肺部器官快速深度摄入氧气，确保氧气转化速率和运输速率能够支撑高强度运动，在此过程中，运动员的肺部通气量及弹性得到了明显增强。

最大摄氧量是指人们在参与一些负荷较大、强度较高的运动项目时，机体处于紧绷状态，无力再进行运动时能够摄入的氧含量，这一数值就是人的最大摄氧量。最大摄氧量是反映人体运动能力强弱的重要因素，也是决定耐力型运动员选择材料的重要指标之一。与心肺、肺活量类似，最大摄氧量数值也会因为个体年龄、遗传、性别及训练环境等因素表现出较大的差异性，其中，运动及遗传因素对于最大摄氧量的影响最大。运动训练可以促使运动者的最大摄氧量得到提高，并影响人体对于最大摄氧量的利用率。

通过对青少年网球运动员参与网球锻炼后的身体机能变化进行记录和

数据对比，得出以下结果：男性网球运动员训练前的安静心率为 71~77 分/次，女性网球运动员训练前的安静心率为 75~81 分/次，训练后的安静心率变化较小，会产生 1~2 分/次数值变动。女性网球运动员训练前的肺活量为 2.0~2.8 升，男性网球运动员训练前的肺活量为 3.14~3.94 升，而在训练之后，两者的肺活量都得到明显提升，女生肺活量为 2.3~3.1 升，男性肺活量为 3.3~4.2 升。男性网球运动员训练前的最大摄氧量为 40.12~52.15 毫升/千克/分钟，女性网球运动员训练前的最大摄氧量为 33.22~43.45 毫升/千克/分钟，运动之后，两者的最大摄氧量也得到明显提升，女生最大摄氧量变为 36.25~46.23 毫升/千克/分钟，男生最大摄氧量变为 44.02~54.68 毫升/千克/分钟，可见网球运动对于学生肺活量及最大摄氧量有着积极影响。从以上数据得知，经过网球训练，运动员的肺活量、心率、MVV 和最大摄氧量都发生了较为明显的变化。

第三节　网球锻炼对于学生体育品质的积极影响

著名运动员李娜曾经在她的自传《独自上场》中写道："网球是一项孤独的运动。当你处在比赛中时，你需要独立承担与面对属于自己的责任，解决和消灭竞赛过程中遇到的所有困难，你的团队成员只能在观战区为你鼓掌加油。与此同时，网球又是一项具有挑战性的运动，在每天的训练和比赛中会遇到各种挑战，在应对挑战和超越自己的过程中赢得成功。一名网球球员在一场比赛中可能会进行无数次的预判和决策，不仅要扮演好球员的角色，还要扮演好教练与裁判的角色，对自己的每一个动作负责。在此过程中，运动员不仅要面对外围观众与对手的影响，还需要直面自己的不足，进行自我提升和改善。"网球运动员对于学生体育品质形成具有正向、积极的引导作用，能够强化人的心理品质；帮助青少年锻炼意志品格，提升运动素养，增强团队协作精神和与人合作的能力，提高自我节奏的控制能力，从而更好适应竞争激烈的社会环境。

一、网球锻炼有助于增强学生的幸福感和效能感

（一）锻炼动机与自我效能感

网球运动是一种集高雅、健康与时尚于一体的运动，是合作与竞争、成就与挑战互相交融的一项运动，大学生参与网球运动不仅能够增强身体素质，强身健体，形成强健的体魄和健康的身体，还有助于调节意志品行，增强幸福感和效能感。动机是由拉丁文"movere"转化而来的，其本意为"开始行动"和"活动"，意指某种推动人们行动，从事特定行为的念头和动力。从心理学角度看，动机是指能够调动和激发、保持和调节人们在从事某种活动时的内在层面的推进力量。而锻炼动机则是指有助于个体进行自主锻炼的内在动机和有生力量，此力量和动机能够激发与维持个体的锻炼行为，是个体进行锻炼的内在基础和必备品质。

班杜拉于1977年首次提出了自我效能感的概念，他认为自我效能感是指人们在自身能力及任务难度等信息的基础上，对自身能否实现特定领域内的目标、完成某一种水平任务的信心和信念，以及相应的能力判断。影响个体自我效能感高低的两个因素分别为效能期望和结果期望。所谓效能期望是指个体对某件事能否取得成功，自身能否完成既定任务的信心和信念。结果期望是指个体对于事件成功的心理动机和期望。两者共同影响个体的自我效能感。通过对已有研究结论进行归类与总结，得出影响个体自

我效能的因素，具体包括以下四方面：第一，个体直接经验影响。直接经验是个体在实践生产生活过程中获得的实际经验，这些经验由个体在真实的活动中积攒而来，能够为个体进行能力判断提供直接经验和反馈。第二，替代性经验影响。替代性经验也称为间接经验，间接经验是他人的成就或者经历结果，通过参考他人已有经验及其产生的榜样效应，经过对比和分析之后，预判行为结果，得出目标实现的可行性。第三，言语说服影响。言语说服主要是向个体和学习者提供他人的信息，提供具有说服性的建议与解释，从而对个体的行为预判和决策产生一定影响。第四，情绪和身体状态。个体所处的环境、特定情境下的情绪状态和心理状态都会对其判断和决策产生影响。自我效能感对于个体行为具有重要影响作用，对个体的行为选择、行为努力方向和努力程度、行为持续时间等多重因素造成影响。一般情况下，人们往往倾向于选择一些在自身能力范围之内的任务和目标，避开一些超出自我能力范围的任务，或者倾向于选择一些具有较高价值和意义的任务，避开一些价值性较低的任务。

（二）主观幸福感

主观幸福感是指人们对于自身生活质量及生活水平做出的认知性和情感性的整体性评价。有时，人们是否感觉到幸福不仅在于现实层面的实际事件，而且在于人们主观情绪和主观心理层面对于事情的判断和解释。主观幸福感是一种偏向于主观与整体的概念，相对较为稳定。通过对行为主体的主观幸福感进行测评，可以评估出个体长期的生活满意度及情绪反应，获取个体的心理状态。生活满意度和情感平衡是构成个体主观幸福感的两个重要因素。虽然外界因素是个体产生主观幸福感的基本原因，但是个体自身的所思所想才是最终决定主观幸福感程度的因素，不会因为外界时间因素及空间位置变动而发生较大变化。主观幸福感不仅能够衡量和反映个体的实际生活质量和生活水平，也能够影射个体情绪健康水平及心理发展状况。具有较高主观幸福感的个体往往稳定性高、主观性强及整体健康等特征。主观幸福感测量指标包括生活满意度、积极情感及消极情感三个基本量尺，对三个数据进行综合分析后所得的分值越高，那么个体的主观幸福感也越强。

（三）网球锻炼与效能感、幸福感的关系论述

研究表明，自我效能感与网球运动之间具有较高的内在关联。一方面，对于网球运动员来说，自我效能感是提升运动员运动表现的内在因素。当网球运动员的自我效能感较强时，其运动成绩和实际战绩就越好。自我效能感是促进个体锻炼动机，增强内生动力的重要因素，是激发个体锻炼动机的关键性因素。具备较高自我效能感的个体能够将比赛与运动中产生的积极情绪和正向情绪转化为之后参与体育训练和实践活动的内在动机，内在动机的增强能够在一定程度上减少个体对于外界动机的关注，减少对于他人评价及外部奖励等物质的关注，从而进一步提高个体参与体育锻炼和网球训练的自觉性和主动性，促成内部层面积极情绪的良好循环，使网球运动员形成正向、乐观的运动价值观。与此相对，当个体的自我效能感较低时，在实践活动中就会表现出对自我运动能力的不自信和怀疑，对自身能力的认同感降低，成就动机相应下降。在参与网球运动和训练活动时，会拖延或者逃避某种挑战性的任务和目标，降低个体主动参与锻炼的积极性和信心。另一方面，网球运动过程中，运动员的自我效能感能够得到提升。网球训练要求运动员定期参与训练活动和身体锻炼，不断提升个体锻炼的有效性，提升个体的积极情绪和健康情绪，从而影响个体对于生活的态度与看法，提高生活满意度。体育锻炼是自我效能感提升的有力途径和重要方式，两者之间相互作用，互相影响。体育锻炼提升学生自我效能感

的过程可以分为两个途径：一是直接效果。当学生在实际训练环节及锻炼过程中遭遇挫折和打击时，鼓足勇气，正面迎击挫折和困难，敢于挑战难度较高的任务，克服困难，增强自我控制能力，不断提高对突发性问题的处理能力，得到同伴、教练与父母的多重认可，获得成就感，提升自我效能感。二是间接影响。在实践训练中，学生的自尊心得以提升，学生在完成定期体育训练任务之后，可以获得极大的满足感，从而间接提高自我效能。

通过对当前大学生进行情绪调查和主观幸福感调查发现，现阶段大学生拥有较高的主观幸福感，整体幸福感处于较高水平。而大学生参与体育训练和实践活动的次数越多，积攒的主观幸福感越强烈，自我满足程度越高。与间接参与体育活动的大学生相比，直接参与体育活动的学生获得的主观幸福感更强。学生在实践锻炼活动中，自身的负面情绪及消极情绪能够得到抑制，不良情绪得以纾解和消散，从而为正面情绪和积极情绪的产生扫清障碍，使学生拥有较高的生活满意和正性情感，以更加积极乐观的态度面对生活中的挑战和问题。

基于以上分析可知，自我效能感、主观幸福感及锻炼动机三者之间具有较高的内在关联性。根据三者之间的内在关联，以内部动机、认同调节、外部调节、无动机、现实生活体验、社会信心体验、自我接受体验、目标价值体验、心态平衡体验、人际适应体验、家庭氛围体验、成长进步体验、心理健康体验等为测量指标，获取影响大学生运动动机及主观幸福感的综合因素。总的来说，随着社会经济的发展，人们的物质生活水平不断提升，当代大学生的整体幸福指数较高，对于现实生活具有较高的满意度，且自我效能感水平也处于较高状态，在面对生活与学习上的挑战时具有充分的勇气和信心。从大学生参与锻炼活动情况及身体素质情况看，大学生群体的多项身体素质能力都呈现出下滑趋势。2017 年的数据记录显示，大学不同年级学生中处于正常体重的人数占 45%～60%，其中超出正常体重的肥胖人群已经达到 27% 左右，此数据与 2014 年的调查结果相比表现出明显的上升趋势。在肺活量测验中，大学生的成绩指标较好，但是握力测验成绩却呈现下降趋势。对大学生参与体育锻炼和训练活动情况进行调查发现，当前大学生身体活动的主要途径就是体育课，除此之外较少参与体育活动，对于参与体育训练的自觉性和主动性较低，持续性不足。对各项指标进行关联度分析后得知，身体活动可以预测和反映出主观幸福感情况，在锻炼动机的支撑下，身体活动可以间接反映主观幸福感。锻炼动机、学生身体活动与主观幸福感之间是一种两两相关的关系。锻炼动机是大学生主观幸福感和身体活动之间的中介桥梁，是实现两者转化的中间介质。大学生参与体育锻炼可以直接获得相应的主观幸福感，而锻炼动机也可以发挥间接促进作用，帮助其获得主观幸福感。体育活动的持续时间及训练量是影响学生幸福感的重要因素，锻炼时间较长、训练强度较大的被调查者往往具有更高的幸福感。因此，培养大学生的体育活动意识和训练意识，使大学生主动参与体育运动，引导学生形成良好的体育运动习惯，能够进一步提升大学生的主观幸福感。

高校作为孕育社会主义合格建设者和优秀接班人的摇篮，应构建学生身心和谐发展、共同进步的教育体系，促进学生德智体美劳全面发展。学校在为学生搭建和营造良好学习氛围的基础上，还应加强体育氛围建设。不断加大体育文化宣传力度，引导学生树立正确的体育意识和体育观念，以学生物理环境构建为切入口，如修建多功能体育活动场馆、修建网球场地，引入智能化网球训练设备等为学生体育训练搭建充足的平台。将体育锻炼引入学校校风中，让学生了解身体活动及体育训练的好处，从而解答学生关于体育运动的三个疑问——"身体活动有哪些好处""在什么地方进行体育锻炼""如何进行活动，开展锻炼"。

网球教练员选择合适的激励手段和竞赛方式，能够进一步维护学生的自尊心和自信心，提升学生的自我效能感。网球运动对于学生体能及视觉有较高的要求，初步接触网球运动的大学生群体可能会产生退缩和畏怯心理，缺乏自信心，认为自己难以胜任网球运动，不能完成既定任务和目标。这时，网球教练应给予适时的鼓励和安慰，耐心辅导和细致讲解，帮助学生循序渐进地掌握网球发球、挥拍等技能，按照正确的姿势和动作要求参与网球训练，而后逐渐加大训练难度和训练强度，激发学生的挑战意识，促使学生迎难而上，在完成难度较高的任务之后获得较高的成就感和幸福感。在此过程中，网球课程教师可以通过缩小训练场地、调整规则、采用多种教学方式和训练方式、改进教学设施等多种途径吸引大学生的注意力，提高学生参与网球运动的幸福感和自信心。

二、网球锻炼有助于强化学生的心理品质

现阶段，青少年面临的压力更为复杂，既有来自学业的压力，也有来自生活环境的压力，青少年的情绪健康及心理健康问题也越来越严重，引起了社会各界及学校的关注和重视。一方面，随着大学生生活环境发生较大的变化，踏入大学之后难免会出现不适应的问题，无法合理分配与利用自己的业余时间，大部分大学生往往选择使用电子产品来消磨课余时间。电子产品的不当使用如同慢性毒药一般，会逐渐侵蚀大学生的健康思想，使大学生不再具备现实层面的交往能力和沟通能力，缺乏对现实活动的合理调配。另一方面，大学生的学习压力逐渐增大。随着现代社会对于人才培养提出了更高的要求，学生基本知识储备、实践技能、个人品质及身体

素质等方面都要有所提升。而大学生群体还未真正接触现实社会，未形成完整的世界观和价值观，心理调适能力相对较弱。因此，当学生遭遇现实社会与预想生活严重矛盾，出现不对等情况时，往往会产生消极的心理情绪，处于不好的心理状态。在处理以上心理问题和思想问题时，除了需要思政教师及心理健康教师的帮助，为学生进行情绪价值和基础心理调适，还应通过健身运动的健康纾解方式，帮助学生提升心理抗性和心理韧性，使学生在竞技体育及实践活动中形成正确的价值观，培养坚毅的精神和乐观的品格，以更为积极的心态面对学习与生活，成为生活的主宰者。

　　线上游戏、疯狂购物消费等情绪纾解方式，不仅不会消解内心的烦闷和痛苦，相反会引发其他一系列的连锁反应，造成情绪内部恶性循环，加重学生的情绪压力和心理问题。而网球锻炼是纾解和消散烦闷情绪的最佳方式，学生在挥拍和击球的过程中可以将满腔愤怒和不良情绪转化为动力，实现情绪之间的转化。学生在用球拍奋力击打球体的那一瞬间，发生物理摩擦作用，在悦耳清脆的击打声音中，将压力全部释放出来，使学生在网球训练中成功忘掉不良情绪，收获到更为积极正向的情绪。有比赛，就有输赢。通过比赛可以让球员经历体能、心理、情绪的剧烈变化。在竞争越发激烈的今天，最好的方式是让大学生参与竞争，懂得竞争，敢于竞争，愿意为胜利拼尽全力，并在受挫后能够保持良好的心态正视输赢，然后进行调整、总结，重拾信心。一场场激烈的网球比赛，无论胜负，都是对球员最好的挫折教育。高校体育教师应抓住网球比赛这一天然品质养成活动，借助实践比赛活动，提升学生应对挫折和面对失败的勇气，使学生养成坚毅的品质。当学生面对比自己弱或强的选手时，应以怎样的心态对待比赛；当连续失分处于不良态势时又该如何转换心态，面对比赛；比分暂时领先时如何保持谦虚谨慎的态度和情绪；比分暂时落后时如何转换策略积极追赶，规避自己的劣势，将自己的优势发挥到最大等，这些问题的解决能够使学生拥有自我判断和自我调配的能力，在改变网球节奏、调控情绪的过程中获得对学习生活的较高掌控感。

从现实层面看，当前大学生中沉迷于网络游戏，如"吃鸡""开黑"等游戏的人数较多，对于网络虚拟空间及线上竞技游戏有着较大的依赖性。过度玩游戏导致大学生群体的整体身体素质和精神素质受到侵害，部分大学生由于长时间沉迷于游戏，出现成绩下滑，不愿意面对现实世界，逃避现实世界中的挑战和困难等问题，长此以往，容易导致大学生形成软弱和自卑等不良品质，不利于学生健康品质的形成。而网球锻炼能够使学生全身心投入体育活动中，通过认真仔细地凝视和观察球体轨迹，预判球体来向和方位，增强学生的注意力集中程度，使学生摆脱长期网络游戏造成的注意力不集中的问题。同时，在现实场景中的球体运动过程中，学生能够与队内成员进行近距离、面对面的交流与沟通，而不是通过网线连接，进行虚拟对话和交谈。在现实场景中的交流与沟通有助于增强学生的人际交往能力，学生在多次合作击球、对打中培育出更为坚实的合作关系，铸造出更为坚固的战斗情谊，且这一友好关系不同于线上虚拟关系，更能经得住时间和现实考验。

三、网球锻炼有助于学生形成良好的体育品质

在新时代新形势新要求下，习近平总书记深刻阐发"文明其体魄之于文明其精神"的重要作用。他提到：体育是社会发展和人类进步的重要标志，是综合国力和社会文明程度的重要体现。体育在提高人民身体素质和健康水平、促进人身心全面发展，丰富人民精神文化生活、推动经济社会发展，激励全国各族人民弘扬追求卓越、突破自我的精神方面，都有着不

可替代的重要作用。

体育强国科学理念的彰显，建设体育强国宏伟目标的确立，为大学体育教育教学健康科学发展，进而充分发挥在建设体育强国中的重要作用奠定了坚实的思想基础，明确了正确发展方向和实践着力点。践行体育强国理念，实现建设体育强国目标，提升大学体育教育教学水平势在必行。近年来，体育强国、体育强校的理念在高校日益深入人心，并被贯彻落实到学校发展规划中，高校体育教育教学发生了诸多可喜变化，取得了显著成效。但是不可否认的是，高校体育教学与预设目标之间依然存在较大差距。一方面，由于受到传统竞技体育观念的影响，部分高校仍然未能摆脱重智育轻体育的偏见观念，大规模的体育活动很难在短时间内获得显著成效，高校师生对于新颖的体育项目和体育活动的接受度和推广度尚不理想。另一方面，高校对于"健康第一"理念的响应度和落实度较低，在实践教学过程中往往更为关注学生是否能够按时完成相应的课程任务、基本训练和测验能否达标及评教合格等问题，容易忽视学生体育品质、体育情怀的培养。同时，很大一部分学生的运动能力、运动意愿及运动水平存在下滑问题，大学生群体的身心健康及身体素质令人担忧。

网球运动被称为"激烈和优美"的融体，网球运动负荷和运动强度具有一定的可控性，弹性较高，节奏可快可慢，张弛有度，学生往往在不知不觉中就已经完成了几千米的跑步里程，在乐趣盎然的网球比赛和网球训练中，提升了身体耐力、力量及速度等素质。网球比赛和网球运动是一项高雅、文明和礼貌的活动，要求参与者了解并践行网球运动的基本规则，按照网球运动的礼仪要求进行活动。运动员要在画线之内的指定位置发球，对发球和击球的有效性进行判断，网球计分也要公正透明。大学生在知悉和了解网球比赛规则之后，将按照网球比赛规则开展对打和单打比赛。除了职业网球或者专业比赛中会请裁判之外，一般业余比赛都采用信任制和互相监督制，由学生自己充当裁判。在此情况下，双方运动员一定要做到诚实公正，避免出现干扰比赛的状况。大学生在网球比赛中形成的公平竞赛意识及理念将会对其个人品行产生积极影响，并对之后的网球比赛和其他球类运动产生积极影响。

在 2018 年赛季网球 WTA 皇冠级中国公开赛的四进一决赛环节，我国女子网球选手张帅对阵新科美网冠军大坂娜奥米。两位选手的实力都十分强劲，决赛最初，张帅始终处于领先位置，以 5：3 和 4：1 的成绩领先，但是在之后的对赛中，大坂娜奥米强追直上，使张帅在之后的比赛中连续失局，最终落败，无缘成为四强中的一员。虽然此次决赛张帅失败了，但是她在比赛中表现出来的顽强精神和意志品质的确令人动容。大阪娜奥米曾经在决赛中击败了世界知名网球健将小威廉姆斯，获得了大满贯冠军，拥有十分强劲的体力和高超的网球技术，在世界网球女单中处于领先地位。在此形势下，张帅依然全身心投入比赛中，在不利的局势下势如破竹杀出了一条血路。比赛接近末尾时，两位选手的体力明显不支，但是张帅与大阪娜奥米都不曾放弃，咬牙坚持。尤其是张帅在体力不支的情况下依然成功接下了对方的多个破发点。面对失败的局面，张帅依然没有气馁，也没有产生消极和自卑的情绪，而是保持对对手的尊重和崇拜之情，以虚心的态度为之后的比赛做准备。由此可见，网球竞技运动不仅要求运动员具有勇夺第一的拼搏精神和体育精神，还要求运动员敢于接受失败和看待失败，以宽广的胸怀和不断学习的谦虚心态面对比赛中的每次挑战。

第三章　新时代下高校网球教学现状

　　我国知名专家及研究学者任海教授提出：体育资源是指一个社会为了进一步扩大体育活动人口，提升全民竞技水平而在物资、时间、人力及信息等方面的投入。在此基础上，谢静月在其文章中对体育资源进行了具体划分，依照所用资源内容及形式的不同分为人力资源、体育设施资源、运动项目资源、课外校外资源、媒体资源、自然环境资源等。人力资源是指校内具有一种或者多种体育特长的家长、教师、学生、校医及班主任等工作人员，其中网球课程教师是占比最大的，起到关键性作用；体育设施资源是指校内外所构建的体育场馆设施，是开展网球课程，组织学生进行网球训练的必备物质基础条件；运行项目资源是指在原有运动项目和体育课程上的再改造和利用，对于传统项目的充分利用与创新发展；媒体资源是指在新媒体介质的基础上，获得信息，更新课程内容，充盈课程教学资源；课外校外资源是指不属于学校范围之内，对学生体育项目学习和身体锻炼有着积极影响的家庭或者社区形式的夏令营活动等；自然环境资源是指自然环境中的田野、江河及草坪等天然训练场地和运动场地。本次研究将重点对校内网球项目的人力资源、体育设施资源、运动项目资源及媒体资源等情况进行摸索，从中得到高校网球课程开展、实施的基本情况，获取其最新发展信息。

第一节　高校网球运动场地建设

一、网球场地分类

网球场地可分为室外和室内，且有各种不同的球场表面，通常有四种类型，即草地、硬地、红土、地毯。网球场地四种类型中前三种较为常见，而硬地场地最为常见，四大满贯网球公开赛采用的都是前三种场地，其中美网（美国网球公开赛）和澳网（澳大利亚网球公开赛）采用的都是硬场地，而美网的球速更高，也就是石英含量更高，硬度更大；温网（温布尔登网球公开赛）采用的是天然草场，属于快速球场，球弹起高，速度快，费德勒就属于擅长天然草场型的选手；法网（法国网球公开赛）采用的是红土场，属于慢速球场，球弹起低，速度较慢，纳达尔就是"红土王"。下面为大家一一解读草地、硬地、红土、地毯这四种网球场地。

（一）草地网球场地

草地网球场地包括天然草地网球场地和人造草坪网球场地。

天然草地网球场地是历史最悠久、最具传统意味的一种场地。草地球场的特点是球落地时与地面的摩擦小，球的反弹速度快，对球员的反应、灵敏、奔跑速度、奔跑技巧等要求非常高，同时球员也利用此特点大打"攻势网球"，发球上网、随球上网等各种上网强攻战术几乎被视为在草地网球场上制胜的唯一法宝，底线型选手在草地网球场常常无功而返。由于其对草的特质、规格要求极高，而适宜的草籽又不具备良好的适应性，加之气候的限制及其需要极周到、细致的保养与维护，费用昂贵，所以此种球场（特别是用作正规比赛的草地网球场）很难被推广到世界各地。目前每年的寥寥几个草地职业网球赛事几乎都是在英伦三岛上举行，且时间集中在六七月，温布尔登网球锦标赛是其中最古老也最负盛名的一项。天然草地虽然具有一定优势，但是耗时较长，需要大量资金投入，因此天然网球场地在国内高校的利用率较低。

与天然草地网球场地相对的是人造草地网球场，它是天然草场的最佳效仿物和替代品。人造草地网球场地的结构与地毯相类似，其底层主要由尼龙编织物构成，上面一层栽植的为束状尼龙短纤维，在铺设人造草地时，为了确保短纤维的直立性和伸展性，在纤维之间填充一些软沙和细沙。搭设人造草地网球场地对于场地的原有基底有一定要求，需要相对坚固和平整的地面作地基，并配备较好的排水结构和排水系统。与天然草地相比，人造草地网球场地的白色界线能够与周围的场地直接拼接在一起，省去了画线及维护等工作，不受天气与自然因素变化的影响，属于全天候场地，只需要管理者定期进行维护，增添细沙等。因此，人造草地网球场地在各大高校中的使用率较高，受到大学生的欢迎与喜爱。

（二）硬地网球场地

硬地网球场地是日常生活中较常见的一种普通场地，我们熟知的硅PU塑胶场地就是硬地的一种。硬地场地的构成材料主要为水泥和沥青，以其作为地基，在表面涂画色彩斑斓的线条和图画用以装饰，或者直接铺设一层高级塑料面层，硬地网球场地具有硬度高、表面平整等特征和优势。在此地面上，球体拥有较高的弹跳性，弹跳非常有规律，球在接触地面的一瞬间能够快速回弹。与人造草地网球场相似，基本不需要长期维护，只需要进行表面清扫和维护工作，因此，硬地网球场地也是大多数高校网球教学的最佳选择之一。

虽然硬地网球场地具有一定优势，但是也存在一定的不足和缺陷。与其他材料和质地的网球场地相比，硬地网球场地的弹性较低，网球初学者在刚开始进入训练场地时，应加强对于自己身体的防护，尤其是踝部关节和膝盖。否则，初学者可能因为操作不当或者奔跑速度过快等原因摔倒或磕碰，遭遇坚硬地表的反作用力，造成关节部位的损伤。运动员和教练应采取措施避免身体受伤。运动员自我保护的方法包括：第一，运动员应将身体下肢部位弯曲，保持膝部关节处于弯曲状态，从而保证在遭遇突发情况和力度冲击时能够依靠膝部关节的缓冲和升降适当减小地面带来的反作用力。第二，在奔跑和变换速度时应注意身体重心的位置，将重心尽量落于前脚脚掌上，提升身体的弹性和韧性。第三，在变动位置时尽可能降低身体重心。在硬地网球场地中，合成塑胶也是较为常用的材料之一，这种场地的材质和塑胶田径场地所用材料相似，也是将钢筋混凝土作为场地的地基，在其上铺设合成塑料颗粒，使用胶水将两者粘连。受到材料塑胶颗粒大小、紧密程度及本身特质等因素的影响，场地的弹性和硬度也出现一定差异。塑胶场地具有管理方便、省时省力和颜色艳丽的优势，且塑胶场地既可以在室外搭设，也可以在室内铺设，不受空间限制，也是较为理想的公共球场。

（三）红土网球场地

红土网球场地是国外网球场地构建中的常见方式，属于"软性场地"，人们最初是通过法网对其有一定了解的。沙地、泥地和红土场地都属于软性场地，而红土场地是其中最具代表性的一种。红土网球场地的地面不是非常坚硬，其表层铺设砖粉末和细沙。这些砖粉末和细沙使球体落地及运动员在移动的过程中会遭受到更大的摩擦力，球速比较慢，运动员也很难控制身体滑动。因此，在红土网球场地上进行比赛往往需要球员具有更为坚毅和优质的意志品行，也需要运动员具有更高的奔跑及移动等运动能力。与硬地网球场地相比，红土场地中，球体的转速和运动速度相对较慢，为底线上旋球高手能力发挥提供了更多机会。虽然土地和沙地材料的网球场地造价较低，但是后续的保养与维护比较烦琐，需要维护员定期进行拉平、浇水、扫线等工作。

（四）地毯网球场地

地毯网球场地也叫作网球地毯，从其名称就可以得知这是一种可以卷起来的"便携式"网球场。地毯网球场地主要是由塑料面层及尼龙编织层材料构成的，通过使用一些专门的胶水将其粘连在一起，地基一般选择水泥、沥青、混凝土等强度和硬度较强的地面之上。有的直接选择在具有支持力的地面上进行铺设。地毯网球场地具有便于携带和运输、适应性强等优势，用户可以选择在室内场地、室外场地甚至屋顶中使用。一般来讲，球体在其表面的运动速度与场地的平整程度、地毯的粗糙程度等因素有关。此类场地的保养也较为简易，只需要保持表面整洁即可。

二、网球场地设施及构建要求

（一）网球场地大小

一般来说，一片较为标准的网球场地，总占地面积应高于 670 平方米，以最低标准 670 平方米搭建的网球场地长度大约为 36.6 米，宽度大约为 18.3 米。其中，双打场地的标准宽度为 10.97 米，长度为 23.77 米。单打场地的长度应保持在 23.77 米，宽度保持在 8.23 米。如果两片网球场地相邻而建，那么两者之间应保持 5 米或者以上的间距，确保两个场地之间互不影响。如果是室内网球场，端线 6.40 米以外的上空净高不小于 6.40 米，室内屋顶在球网上空的净高不低于 11.50 米。球网两侧的网柱高为 1.07 米，球网的中央高为 0.914 米，并用 5 厘米宽的白布带束于地面。要求球网的下边和地面接触。

以图 3-1 为例，一般网球场地以中间的球网为中线进行划分，双方队员位于球网两端。距离网线较近的区域分为左发球区和右发球区，双方的左右发球区是相对的。在发球线以外的场地属于反手区和无人区，整个网球场地四周画有底线、单打边线和双打边线，选手和运动员应在线内运动，球体超出底线后属于无效球。

（二）网球场地基础设施建设

网球场地中应包含球网、球场固定物、四周空地等基本组成物质。球网两侧的网柱高度应为 1.07 米，网柱的边长或者直径应少于 7.5 厘米。单打网球场地中球网的长度一般为 10.06 米，而双打网球场地中球网的长度一般为 12.8 米，比单打球网长 2.74 米。球网的表面一般会使用 5～6.3 厘米宽度的帆布来包缝，中间用直径小于 0.8 厘米的钢丝绳穿起来，将其悬挂在距离边线 0.9 米之外的网柱上，从而保证两个柱子之间的空隙被完全填满。选用的球网应确保球体不会穿过。一般球网选用中央高度为 0.9 米左右的网布，球网的下边需要和地面接触。

网球除了中间用于训练和比赛的正式场地之外，还应保留四周范围内足够面积的空地。端线之外应保留至少长为 6.4 米的空地，边线之外应至少保留 3.66 米的空地。室内网球场地除了对以上长度进行控制外，还应保障高度要求，在端线 6.4 米之外的上部净高度应不低于 6.4 米，保证球体能够在空中做自由落体运动和抛物线运动。室内网球场地的屋顶与球网之间的

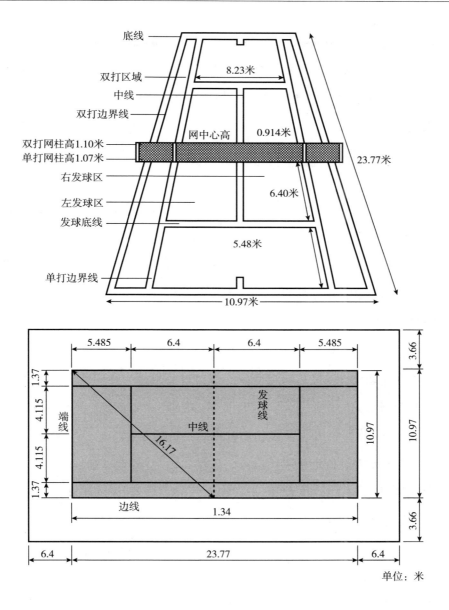

图 3-1 网球场地尺寸图

距离应不少于 11.5 米，按照国际网联规定内容来看，室内馆的球场上空高度应为 12.5 米。

球场除了球网搭建及周边设置的基本工具之外，还应在球场四周设置挡网，周边加以看台、座位及照明灯具等。照明灯具应安放在距离地面高度约 7.6 米的位置，每一片网球场地中的平均照明亮度应不少于 600 勒克斯。

三、高校网球场地建设现状

网球场地构建及器材储备是网球教学训练及学生课余活动顺利开展的重要保障和物质基础。从网球运动传入国内开始，其流通与发展的主要途径就是依托校园进行普及的。随着国家政府及教育部门对于青少年身体素质的关注和重视，宣扬体育运动和健康生活的重要性，网球运动迎来了新的发展机遇。

（一）场地情况调查分析

本次实践调查主要从场地构建、器材设施储备、器材维护三个方面出发对高校当前的场地建设情况进行了解。从场地构建情况看，超过一半的受访人员表示，学生每天可以使用的网球场地数量为 5~8 片，如果学校举办全场对抗比赛，网球场地可以同时满足 12~18 人的网球运动。在日常网球教学过程中，每 4 个人使用一片场地，一般可以同时满足 25~35 人的教学任务。如果按照场地最高数量 12 片计算的话，那么网球场地可以满足 50 人左右的网球教学，这一人数与当前学校网球选修课程的人数相近，两者之间比例较为协调合适。其中，有少部分学校的受访人员提出，当前学校内部可以有效使用的网球场地数量较少，不能满足大部分学生课程学习的实际需求。总的来看，由于当前高校学生的网球选课率较低，参与网球课程学习的实际人数较少，因此，大部分学校的网球场地数量能够基本满足学生的学习需求，只有少部分学校存在比例不协调和供不应求的问题。从采访学生的回答内容来看，造成网球场地建设及资源不足的原因在于当前学校室外场地面积有限，需要为其他体育课程教学匀出一部分场地，而且大多数网球训练场地的专业性和标准性较差，部分体育教师直接将排球场地作为训练场所进行训练。从网球场地的材料来看，塑料是最常用的材料之一。建有室内馆的高校一般选用木地板构建室内网球馆。因此，网球教学场地可用资源受到一定程度的限制。同时，在网球初期训练中，依靠校内墙体进行对打练习十分常见，而当前院校墙体的平整度及高度无法满足对打练习的需要。

以天津市不同高校网球场地构建情况及对外开放情况为例。通过对天津市天津大学、南开大学、天津理工大学、天津师范大学、天津工业大学、天津外国语大学、天津城建大学7所院校进行调查发现：第一，天津市内多数高等院校都建有网球场地，但是大学网球场地的对外开放情况区别较大。其中，只有南开大学的网球场地未向外开放，只允许校内师生有偿进入，收费标准每小时10元。天津大学共有14片网球场地，每小时收费30~40元；天津理工大学共有6片网球场地，每小时收费在30~40元。从收费标准看，当前网球场地的收费都处于较合理的范围内。但是这些高校对于网球场地的管理和维护力度不足，许多网球场地由于长时间缺乏管理和维修，出现脏乱差等问题。从学校网球场地课余时间对学生开放情况的调查中发现，超过70%以上的受访学生表示高校网球场地在体育课程之外并不随意对外开放，学生需要申请方能进入场地练习。高校体育教师和管理人员表示，由于学校场馆管理人员的时间与精力有限，而学生的休闲时间主要集中在早晨、晚上及节假日等，工作人员和教师不能时刻对场馆进行管理和监控，因此，高校网球场馆在课余时间一般不对外开放。同时，学校网球场馆主要是为体育课程教学服务的，为了保证教学过程中场馆环境卫生合格及设备处于正常运转状态，在学生课余时间段需要对场馆进行定期护理，因此，学校场馆课余时间一般不对外开放。剩余受访学生表示，虽然学校网球场馆不明确表示对外开放，但是学生提出申请时，管理人员一般会予以同意。

第二，从学生对网球场地使用满意度的调查来看，本次研究主要从设施满意度、环境满意度、服务满意度及安全满意度四个维度出发对学校内部网球场地建设情况进行调查，在对学生打分情况进行统计和数据分析后得出，当前校内学生对于设施建设的满意度为 3.88 分，对于网球场地环境的满意度为 4 分，服务满意度为 3.91 分，安全满意度为 3.93 分，由此显现，当前学生对于网球场地的整体满意度较高。从学校网球场地器材及设备能否满足实践教学要求的情况来看，由于目前高校院系较多，学生数量也较多，虽然网球课程是一门选修课程，但是实际上课人数依然很多，大部分学生网球课程上课频率较小，多数学生的网球练习局限在初级练习阶段。65%左右的受访学生认为当前的网球场地器材及设备不能较好满足实际教学要求。

第三，从网球场地环境管理和设备维护情况来看，受访教师及学生认为，当前高校主要通过体育课程结束后由教师组织学生进行场地卫生清理、场地管理人员晚上对场地进行清洗和护理等方式进行场地环境维护，管理人员及相关工作人员还要定时定期对场地四周进行检查与巡视，及时统计与处理场地内需要检查和维修的设备，对球网牢固性、球场照明灯及场地塑胶等多方面的情况予以细致检查。由此可见，学校网球场地环境检查较为合格，场地环境的干净卫生需要师生共同努力。从场地设备的维护情况看，71%的受访人员认为，学校对于网球场地器材的检修和维护成本较为适中，大多是对网球场地的地面进行处理。

网球运动教学除了需要场地支持之外，还需要配备基本操作素材。网球运动中较常用的器材主要是网球拍和网球。另外，护腕、发带、手胶、遮阳帽、网球鞋、球包、球拍线也是较常见的辅助器材。从网球器材储备情况和使用情况来看，多数院校的学生表示，网球器材主要由学生个人购买，学校并不提供相应的器材。以最基本的网球球拍为例，学生在选择网球球拍时，应基于自身财力情况和操作特点进行选择。少部分院校会向学生提供网球，学校收集旧网球，供初学者练习使用，或者通过自费购买的方式为学生提供网球。除了网球球拍和网球之外，其他相关运动耗材也由学生自行选择，依照个体需要决定是否购买和使用。其中，网球拍穿线、网球拍手胶及网球拍避震等工具的消耗量较大，学生对于这些物品的需求量较大。

（二）高校网球场地建设取得的成绩

与过去相比，高校对于网球运动项目越来越重视，看到了网球运动项目的特有优势和重要价值，在网球运动场地建设和设备购入方面的资金投入越来越大。从整体来看，高校网球场地建设正朝向积极的走向行进，网球场地建设规模、设备引入及管理水平都得到明显提升，能够为网球课程教学及学生课余时间锻炼提供充足的场地支撑和物质支撑。一方面，在国际网球场地搭建规则的指引和要求下，高校网球场地搭建的标准和质量越来越高。与以往球类教学混用场地的情况相比，学校更加注重网球场地的规范建设和合理使用，按照球网设定和画线要求对网球运动场地进行专业化设计，网球场地地面上的画线清晰可见，网球四周设有安全网保护，有助于提高学生运动过程中的安全性和舒适度。同时，网球场地对外开放情况也明显好转。以往大部分高校只在体育实践课程教学时方允许学生进入场馆进行练习，而现阶段学生对于网球场地的进入权与使用权更多，学生提出申请，得到通过后就可以进入场地进行自由练习和比赛，学生拥有了更多的锻炼机会。除了必备的室外网球运动场地之外，一些高校还考虑到天气等自然因素的影响，建起了室内体育场馆。在遭遇恶劣天气时，网球教师与学生可以选择在室内场馆进行练习和训练，大大提高了网球训练质量。

另一方面，实践调查发现，学校搭建网球场地时，除了配备基础的操作器材和设备之外，还引入了一些长凳和其他热身器材。不参与网球训练的学生可以在周围休息和欣赏比赛等，学生在完成训练任务和高强度的活动之后，也可以选择在旁边的健身器材上进行拉伸和舒缓等活动，从而进一步避免身体损害现象，提升了网球运动的安全指数，也提升了学生学习的积极性和热情，为学生网球训练提供了更多可能性。综上所述，当前高校网球场地设计与搭建更为优良和完善。在此基础上，高校应秉持体育育人原则和健康第一的发展原则，加强对网球场地的管理，加大网球场地对外开放程度，为学生营造一个更加安全和舒适的运动环境，进一步激发学生网球锻炼的积极性和主动性，使网球场地资源和教学资源得到充分利用。

第二节　高校网球运动师资团队

一、网球运动由来及演变

网球运动由欧洲传入中国之后逐渐盛行，在发达国家中，网球运动的普及率较高，是大众较为喜爱的一项体育运动。一些发展中国家和经济欠发达国家，也正在实现网球运动的普及与推广。网球运动对年龄的限制较小，任何年龄阶段的人都可以参加，无论是中小学生还是青少年和成年，都可以加入网球运动行列中。19 世纪末，在温布尔登举行的网球锦标赛是现代网球运动历史阶段的重要起点，吸引了越来越多国内外人的关注与喜爱，被网球运动的特有魅力折服。网球运动由 1885 年左右传入中国，并逐渐在教会学校中流行开来。1910 年，在旧中国举行的第一届运动会上，男子网球被列入比赛项目，女子网球比赛则于第三届运动会开始成为比赛项目。中华人民共和国成立以后，网球运动拥有了更多发展性平台和发展机会。在党和政府的有力引导下，中国网球协会于 1953 年正式成立，并于天津市举办了国内首次网球表演赛。3 年后，中国网球选手开始参加国际比赛。从 1959 年开始，网球运动被正式列为比赛项目，并一直延续至今。中国大学生网球协会于 1994 年成立，标志着中国大学生网球运动进入新的发展历史阶段，大学生对于网球运动的接受度明显提升。大学生网球协会提出，每年的 7 月或者 8 月举办"大学生网球赛"，为大学生参与网球运动提供了更多展示平台和机会。第一届全国大学生网球比赛在浙江大学举行，有力推动了大学生网球运动的普及。

二、高校网球师资团队建设现状

（一）相关理论梳理

网球人力资源是构成学校网球教育的重要元素，是高校网球教学得以顺利开展的有力保障。网球课程教师是学生网球运动之路上最坚实的指引者和引路者，教师团队规模及教师能力素养将直接决定高校网球教学水平、学生网球运动能力高低。通过搜集与阅读有关高校网球教学的参考文献和相关资料，对文献内容及学者观点进行分类与整理，梳理出国内学者对于高校网球教学师资团队建设的看法和大概内容，在对山西省高校网球运动开展现状的调查中得出，山西省高校学生对于网球运动有着较大的学习兴趣，对于网球训练的需求较大。从高校网球师资力量情况看，当前高校网球师资力量不足，教师团队的专业人才数量及能力水平还有待进一步提升与完善。网球师资力量作为决定网球教育教学质量的关键性因素之一，学校教师团队的结构及规模会影响网球运动的发展。学者郭守康曾经提出，师资力量的欠缺及教师教育水平的限制，使学生不能在有效的课堂教学实践中获得充分的练习，掌握扎实的基本功和动作操作技巧。教师在实践教学过程中，没有将网球理论与实践相结合，不能较好发挥网球文化的教育功效，使多数学生对于网球文化内涵及网球运动的了解较少，对于网球运动的价值和功能认知不明，也不能将网球运动与体育素养和品格培育有机连接起来，使高校难以形成和谐良好的网球文化氛围，不利于学生网球学习兴趣的提升。高校网球教师团队主要由三种不同类型的教师组成：第一，专业运动类教师。这一类教师的运动水平和运动能力较强，拥有较高超的网球技术和网球竞技能力，能够为学生示范优美准确的动作，使学生形成相对扎实的网球基本功，完成标准的网球技术动作，教育教学效果较好。第二，普通类网球教师。这一类教师的学习年限较短，主要在大学期间进行专业的网球知识学习。此类教师与第一类教师相比，网球理论知识水平和技术水平都相对较弱，在网球课程组织和实践训练中可能会出现一些问题，课堂教学效果不太好。第三，进修类教师。此类型的教师主要是依照学校体育教学需要，由学校组织和委派校内乒乓球或者羽毛球教师进修网球教学，完成学习任务后返回学校从事网球课程教学。由于这部分教师的学习时限较短，在网球理论知识和动作技术上较欠缺，网球教学的专业性有待提升。但是这部分教师在其他体育课程教学中积累了丰富的经验，拥有较高的课堂组织能力。

综上所述，国内关于网球运动和网球教学的研究文献越来越多，研究范围也从原来的竞技性网球项目逐渐扩展到高校网球教学，高校网球教学问题受到社会各界的普遍关注。在对高校网球教学问题进行探究与论述时，不可避免要对网球教师队伍和师资建设问题予以讨论。在论述过程中，逐渐认识到高校网球师资队伍建设与高校网球优化发展之间具有较深的内在关联，两者是相互影响、互相促进的关系。为了对当前高校网球课程教学情况和教学效果有一个更全面和深入的了解，必须对高校网球教师队伍建设现状予以深入分析。

（二）网球教师现状分析

网球教师是高校学生接触和习得网球理论知识和实践技能的主要行为主体，学校网球教师数量规模、人力资源储备、教师数量与学生数量的比例关系对于课程教学目标的实现具有重要影响。一方面，高校网球教师团队数量过多会造成人力资源浪费，不利于网球课程的可持续性发展；另一方面，如果网球教师的数量较少，而参与网球课程学习的学生人数较多，将造成资源分配不当，供不应求，也不利于学生掌握基本的网球技能。因此，高校的网球师资团队构建应结合学生人数，两者之间合理协调，保证教学资源的最大化利用。

本次研究主要对 22 所高校进行实践调查，从在校教师记录登记中获取相关数据，结果显示，高校网球教师数量达到 5 人及以上的占总调查量的5%左右，教师数量为 3~4 人的占 36%，1~2 人的占 59%。根据国家发布的《全国高校体育课程评估标准》《学校体育工作条例》中的相关要求，高校体育课程开展中教师与学生之间的数量比应在 1∶150~1∶120，体育教师与所带班级的数量比为 1∶3.6。根据以上要求，代入数值进行相关计算，可以得出一个体育教师每周应上够 4~5 节课，方能完成教学基本要求。以高校网球教师数量最多 5 人为例，代入公式进行计算，那么可以选择网球选修课程的学生人数为 750 人，占学校学生总数的 2% 左右，这一比例过小。由此看出，根据实际体育课程师生比例要求，高校网球教师与学生数量之比明显不协调和不平衡，可以选择网球课程的学生数量有限，高校网球教师较欠缺，不能满足学生日益增长的网球学习需求。

从网球教师的年龄分布情况来看，处于 20~30 岁的教师占比 12% 左右，31~40 岁的教师占比 43% 左右，41~50 岁的教师占比 35%，51~60 岁的教师占比 10%。从调查结果看出，现阶段普通高校的网球教师团队人员年龄主要分布和集中在 30~50 岁，其中 31~40 岁的人数最多。高校网球教师主要以中年和青年为主。中青年教师作为当前网球教学的主要力量，既要根据体育育人目标及网课教学目标进行科学合理的课程设计，还需要帮助学生加强网球的基本功练习，纠正学生的错误动作，因此，网球课程教学十分考验教师的教学技能和教学素养，需要教师以充分的耐性和信心予以指导。与之前的调查结果相比，现阶段网球教师的年龄分布明显更加合理，网球教师团队正朝向年轻化趋势发展，处于 20~30 岁的网球教师数量得到了提升。年轻教师对于网球运动有着更为宽广的接受度和包容心，具备更加新颖的网球教学模式和训练模式，能够将新的教学理念和网球竞赛知识教授给学生。

从高校网球教师的性别情况来看，从调查结果中看出，高校网球教师的男女性别差异不明显，虽然与女性教师相比，男性教师人数较多，但是两者之间的差异在可控范围之内。网球教师的男女性别差异与体育教育的大环境相关，不过影响并不大。从实践训练过程来看，高校开展网球教学主要是将男女生分班分组，由于男女生之间存在体能和身体素质差异，男生与女生的训练强度和训练内容有所不同，为了进一步提升网球训练的针对性和专业性，大部分高校网球教师会选择男女生分组进行分别训练。一般由男性教师执教男生小组，女性教师执教女生小组。从调查结果看出，当前高校网球教师的性别划分较合理，男性教师与女性教师数量较均衡，可以满足男女生不同的运动差异。

从高校网球教师的学历情况来看，随着高等教育对于执教教师的学历水平和能力要求不断提升，要求教师必须具备较高的学历素养和教学水平，能够胜任日常教育教学活动，为学生提供优质课堂。高校对网球教师的聘任门槛也在不断提高，对于教师引入有了更为严苛的规定。本次研究主要对高校的 50 名网球教师进行相关调查，其中博士及以上学历的教师人数为 8 名；硕士学历的教师人数占比最多，总共有 40 名；本科学历的教师人数为 2 名，占比较小；大专学历的人数为 0。其中，本科学历的 2 名网球课程教师皆在重大比赛项目中获得过奖项，曾多次执教于专业网球训练，拥有较深厚的网球训练经验和网球比赛经验。这 2 名教师主要对现阶段院校中刚聘请的青年网球教师予以教学指导和培训，提升青年网球教师的教育水平和网球竞技水平。

教师职称是指对专业技术人员的能力水平及教育成就的评定称号，能够较好反映出从业人员和专业技能人员的工作能力和技术水平。调查结果显示，在所调查的网球教师中，教授职称占比 8%，副教授职称占比 37%，讲师职称占比 42%，助教占比 13%。高校网球教师职称体系处于中高级水平，教授与副教授在其中的占比数值较高。高校职称评定需要对教师的科学研究水平、学术建树及课题成效进行全面调查，并且作为评定指标内容之一进行考核，除此之外，还需要对教师的教学业绩和教学水平进行相关调查，教师职称能够较好反映教师的专业能力。一所高等院校教师职称体系发展越先进，就说明院校专业建设和教学水平较高。因此，以上调查结果显示，当前高校网球课程教学团队的素质较高，教师教学经验丰富，具备较高的科研水平。

网球属于竞技类球类运动项目，竞技性特征是网球运动的典型特征之一。因此，网球教师除了具备较高的网球理论知识和教学能力之外，还需要具备一定的竞技水平和竞技能力。一般情况下，教师的运动项目技术等级可以反映教师的网球竞技水平，对教师的网球技术和竞技能力提供科学数据支撑。竞技水平较高的教师，往往拥有更丰富的网球训练、对抗及比赛经验，能够独立组织和指导学生进行网球训练和网球比赛，以教练和裁判的双重身份充当学生网球学习的领路人。从实践调查结果中得知，有10%左右的高校网球教师没有相应的项目技术等级，可以侧面说明他们没有网球竞技训练的经验，也没有参与实际网球比赛获得运动员等级称号的经验。剩余90%的教师皆有对应的运行项目技术等级，其中一级运动员和二级运动员等级称号的教师占比82%，运动健将占比8%，说明大部分网球教师都有过从事网球竞技训练和专业训练的经历，在实际训练和比赛中取得了相应的技术等级。这些教师不仅能够完成学生初级网球技能教学的任务，也有利于高校整体网球技术水平的高质量发展。

从网球教师的教学年限情况来看，高校网球教师教学年限时间都不太长，大部分都拥有5年左右的教龄。其中3~5年任职时长的教师占比49%，6~10年任职时长的教师占比24%，超过10年的教师占比10%，小于3年的教师占比17%。这些网球教师主要从事高校网球选修课程教学工作，教授学生初级网球教学知识和实践技能，课程的兴趣化和娱乐化特征比较突出。少部分教学时长较长的教师往往拥有更加丰富的教学经验，曾经在网球专业团队、健身房、网球俱乐部和高校等多个机构和场所教学。根据机构及工作场所的不同，这些教师在任职期间的工作任务也不尽相同，例如，网球俱乐部主要服务于青少年培训，为青少年和俱乐部会员提供训练和活动等服务；健身房侧重于健康性活动，以身体体态训练为主要目的，网球专业队更加看重竞技成绩，对教练训练的专业性要求更高。丰富的教育教学经历可以为高校网球课程教学提供充分的实践性经验和理论基础，帮助教师制订出个性化训练计划，为不同的学生提供针对性较强的教学。17%左右的少部分教师，主要是学校基于教学目标要求扩充教师队伍，刚刚引进来，他们的网球理论知识储备比较丰富，具有先进的教育理念，但是教学实践经验欠缺，还需要长期磨炼和继续学习。

终身教育是我国教育的终极目标，也是现阶段体育教学的教育理念指示。运动并不是一项短期性的事业，只有长期坚持科学合理的运动和锻炼，才能够养成健康的体魄，拥有更加坚固的身体机能。高校体育教学目标旨在尊重学生身心发展规律，以不同学段学生喜闻乐见、易于接受的方式激发学生的运动兴趣，使学生养成健康锻炼的优良习惯。体育教育必须成为系列化和常态化的教学项目，创建体育课程教学新体系。高校教师团队的终身教育意识及继续教育情况对于高校整体教学素质提升有着重要的作用，在对网球教师继续教育和学习晋升情况予以调查时，以参与教学研究和培训学习项目的频率词"偶尔""从不""经常"为划分依据，得出经常参与培训活动，进行自我能力提升的网球教师占比为6%；偶尔学习，进行能力提升的网球教师占比为80%；很少或者几乎不学习的网球教师占比14%。在所调查的高校网球教师中，出现频率最高的词为"偶尔"和"有时"，说明当前高校网球教师在课余时间进行自我提升和继续教育的次数较少，容易忽视自我专业技能发展。同时，从高校对于网球教师的整体培训计划施行情况来看，高校内部为网球教师晋升和培训提供的平台及机会相对有限，网球教师缺乏继续学习的机会。大学教师是一个较特殊的职业，教师面对的是思想日新月异，聪颖独立的大学生，他们具有较高的思维能力和创新意识，对于新思想、新理念的接受度和需求度较高。因此，需要网球教师不断进行理念革新和教学创新，优化教学模式，与时俱进加强自我教育能力和反思能力，在与外界进行有效沟通和交流的基础上，使自己的网球教学更加新颖。当前网球教师的继续学习和终身学习理念的执行度和落实度不尽如人意，还有待进一步改善与优化。

除此之外，网球教师的计算机水平和操作能力也是此次实践调查的重点内容之一。基于智能化网球课程的开展与应用需要，网球教师应具备基本的电脑操作技巧，能够按照互联网使用要求获取国内外网球发展的最新信息，掌握最新研究成果和教学成果，能够使用计算机进行日常编辑和文字书写工作，将学生的体育训练情况和身体情况数据进行分析与处理。从实践调查结果来看，现阶段高校网球教师对于计算机的掌握能力大体较好，能够进行基本的打字、文件编辑、资料查询等操作，但是多数网球教师对于智能课程和多媒体技术的使用还不够熟练，无法利用互联网等智能设备为学生搭建智能化网球课堂，网球课程教学形式较单一，教学手段滞后。网球教师虽然对慕课及混合教学理念有所了解，但是在实践教学中的引用率较低，不能充分开发互联网教学资源。

综上所述，高校网球教师的队伍结构和人员质量整体较好，且正在朝着更优质的方向发展。高校网球教师的年龄结构正在朝年轻化方向迈进，知识结构更加趋向高学历和技能型方向，专业思想素质和教学理念也在逐渐向现代体育教学理念靠近。但是高校教师队伍结构及人员质量还有待进一步提升与完善。

第三节　高校网球运动课程设置

大学生参与网球运动的途径主要为网球选修课，学生在开学初始可以通过学校内部选课平台，在规定的时间内挑选自己感兴趣的体育项目和选修课程。网球选修课程是高校学生了解网球和学习网球的最直接途径，学生通过网球选修课程可以学到关于网球运动的理论知识及基本动作，为课余时间开展网球运动打下良好基础。通过对高校网球课程设置、结构及类型等特征进行调查，可以更深入地了解高校大学生参与网球运动的实际情况，对高校网球教学现状有一个整体掌握。

一、高校网球课程类型

从现阶段高校开设的网球课程类型来看，主要包括必修课、选修课及训练课三种。其中，必修课是针对体育专业学生专门开设的训练课程，专业化程度较高，对于学生的训练标准及训练要求较高，其目的在于培养专业化网球运动员，参与网球竞技比赛。选修课主要是以院系为单位开展的网球专项选修课程，大部分高等院校都是以选修课程的形式施行网球教学，学生可以在选课平台选择网球选修课程参与学习。网球选修课适合对网球运动感兴趣的初学者，对于学生网球基础能力的要求较低，其目的在于培养学生掌握网球基本动作，进行简单操作。网球训练课程及其他类型的网球课程占比较小，主要为网球特长生、网球社团活动及网球专业运动员所开设，由网球特级教师给予专业化培训。此次研究主要是对高校开设的选修类网球课程予以研究与说明，下面以某所高校的网球选修课程为例，该院校根据学生学习情况和学习能力，将网球课程分为初级、中级及高级三个阶段，每一阶段学生要学习理论与实践两部分的知识。处于网球初级能力阶段的学生，理论部分主要学习网球运动的起源与发展及大学校园网球运动两方面的知识。实践部分学习网球基本技术及动作，包括网球握拍方法、准备姿势、正反手落地球技术、网球截击球技术、基本击球步法及上手平击发球技术几部分内容。处于中级能力阶段的学生，理论部分主要学习网球运动的基本知识和单打规则，掌握一定的网球评判技巧和知识。实践部分需要复习初级学习的基本动作，并学习上旋及侧上发球技术、挑高球、网球比赛的基本要素、网球比赛的基本打法、切削发球等内容，了解和掌握单打战术及规则等新知识。处于高级能力阶段的学生，理论部分主要学习网球双打规则及网球竞赛组织、裁判方法。实践部分主要对初级与中级的基本技术进行巩固与提高，学习随击球、反弹球、接发球、放小球等新技能，掌握双打战术及比赛战略，裁判法实习等。

二、高校网球课程开设数量及教学内容

从实践调查结果中看出，随着网球运动的普及与发展，大部分高校都设有网球课程，遵循"健康第一"的办学理念，为学生提供网球学习平台和网球训练的机会，较好满足了学生网球运动的需求。在所有调查的高校中，开设网球课程的学校占88%，未曾开设网球体育科目的学校仅占12%。在此良好态势下，更多的学生拥有了了解网球运动及学习网球技术的机会，网球课程在高校体育课程体系中的地位得到显著提升，成为高校体育教学体系中不可或缺的重要部分。虽然总体上来看，高校网球课程开设依然存在一些场地、师资与教学问题，网球教学水平参差不齐，但是网球运动未

来发展趋势较好，正在朝向更高水准不断前进。

　　当前高校主要集中选择在大一、大二阶段开始网球课程，进行网球教学。大三、大四较少有网球课程选项，网球课程的延续性较差，学生往往只是对网球运动进行较浅显的了解和学习，不能满足需要深入学习的学生需求。高校网球教学单节课的时长一般为两个课时，持续 90～100 分钟。通过对网球教师课程安排情况进行调查发现，51% 的网球教师一周需要上 7～9 节课，25% 的网球教师一周需要上 5～6 节课，8% 的网球教师一周需要上 2～4 节课，16% 的网球教师一周需要上超过 10 节课。由此可知，当前高校网球教师的代课量较高，课程安排较满。通过实践观察与了解发现，每周课程量较多的网球教师不仅教授网球课程，还代有其他体育课程。高校一般不会根据教师所学专业及专项项目进行细致划分，网球教师与其他体育课程教师同属于体育教学部门，统一负责体育教学，在开设网球课程时才由专门的网球教师进行专业教学。

　　从教学内容上看，60% 以上的高校网球教师将其作为一项促进学生身体机能发展与健康成长的体育运动项目，组织学生进行体能训练和简单的网球活动，高校网球教学与网球运动具有较高的休闲娱乐性和趣味性。25% 的网球教师更加关注网球技术教学和网球技能传授，讲授内容主要包括网球运动的发展概况、发球技术、网球运动技战术、截击球与高压球技术等专业性较高的知识，不仅有助于提升学生的网球技能，还能满足学生的学习需求和运动需求。10% 的网球教师选择网球竞技训练教学，以分组教学和社团的形式为主要教学方式，学生的网球水平较高，能够坚持对打。剩余 5% 的网球教师将网球视为一种娱乐健身项目，以娱乐活动的形式传授部分运动知识，以实现缓解学生身心疲劳、活跃学生精神状态的目的。从上课形式和教学形式来看，8.5% 的教师认为网球课程是体育课程体系的一部分，应以游戏的形式呈现，理论性与技术性并不是网球课程的重点，应为学生提供更多的情绪价值，因此这部分教师对于网球理论知识的教学较少。83%的网球教师选择理论与实践相结合的方式进行讲学，在室外示范与训练的过程中引入知识讲解，帮助学生将理论要求与实践融会贯通。8.5%的教师会挑选一节课专门对网球理论知识进行讲解，占用一课时的时间向学生陈列系统、全面的网球知识，包括网球规则标准、网球发展历史、训练原则及技术名次等内容。

学生通过一段时间学习网球理论技术知识，教师在学期末设定特定的网球考核内容对学生的学习过程进行检测，这是高校网球课程不可缺少的内容。高校一般从学生日常表现、实践技术及理论知识三个方向对学生的网球课程学习情况进行综合评定。学生平时表现得分主要从课堂表现、学习态度及出勤率等方面获取，理论知识考核采用非闭卷的方式，考核学生对于网球理论知识的掌握程度。实践技术考核方式与现行体育课程考核方式相类似。实践技术考核是网球课程考核的主要内容，在总分值中占比较大，不同高校在设置三者得分占比上有所不同，大部分高校对于学生网球课程学习的考核方式较合理，能够综合考量多种要素进行多元评价，而不仅仅从技术层面或者理论层面加以考核。

学生对网球课程开设及施行的满意程度可以反映出当前高校网球课程构建的真实情况，影射出当前网球课程中存在的问题与缺陷。学生对于网球课程的满意程度是区域个体主观感受的评价结果，不仅包括学生满意度，也包括教师对课程的满意度。从实践调查结果中看出，无论是教师还是学生，对于现阶段网球课程设置及施行的满意度都较低。在随机抽取的900名高校大学生中，上过网球选修课程的学生占75%，其中60%的学生对于网球课程的总体评价结果较低，21%的学生认为一般满意，仅有19%的学生表示满意。在教师调查中，70%的教师认为当前网球课程的总体开设与教学情况一般，30%的教师对于当前网球课程表示不满意，认为还有很大的晋升空间，持有满意态度的教师基本没有。此调查结果无疑给高校工作者和管理者敲响了警钟。导致网球课程实施与网球教学效果不佳的因素较多，其中既有教师教学的影响，也有学校环境的影响。网球教师及学校管理人员应深入反思在网球课程设置及教学中存在的问题，积极接纳与吸收学生提出的意见与建议，并进行改革与完善。

第四节　高校网球运动竞赛活动

网球运动竞赛活动及课余体育活动是除了网球课程之外，学生参与体育运动和网球学习的重要途径，是高校网球教学体系的一部分。随着人们生活水平的提升，学生对于生活品质有了更高的要求，闲暇和课余时间的体育活动成为学生纾解压力和休闲娱乐的重要选择之一。网球运动在大学生课余实践体育活动中扮演着重要角色，是当代大学生健身与塑形的最佳选择。通过参与网球竞赛，有助于培养与提升学生的竞争意识，使学生养成拼搏进取的体育精神，在实际比赛中提升网球技术水平和心理素质。本次实践调查主要从两方面出发对学生课余时间参与网球运动的情况进行调查，一是对学生参与校内体育活动情况进行调查；二是对大学生参与省市级网球竞赛及校内网球运动竞赛的频次、动机及实际体验感进行相关调查。

从校内体育活动的参与情况看，当前高校学生参与课余网球运动的情况并不好，超过一半以上的学生从未参与过除了网球课程之外的网球活动。

这部分学生由于社交能力薄弱，对于校内网球社团及网球活动的了解较少，缺乏参与网球课余活动的途径与方式，因此不能较好地进行体育锻炼或网球兴趣拓展和课外延续。调查显示，一学年中参与一次及以上的学生仅占到20%；一学期内参与一次及以上的学生占到11%左右；一个月参与一次及以上的学生只有9%左右，这一调查数据与之前对学生参与网球运动的兴趣调查结果不符，两者之间出现较大的断层，大部分学生喜欢并愿意参与网球学习，但是实际结果却不尽如人意，两个数据之间的巨大反差使我们不得不重新反思当前的网球教育事业。从学生每次参与网球活动的时长来看，参与网球运动60~90分钟的学生占比35%；参与网球运动30~60分钟的学生占比26%；参与网球运动少于半小时的学生占比27%；参与网球运动超过90分钟的学生仅仅占比12%。其中，参与时间少于30分钟的学生往往不能达到较好的训练效果和运动效果，身体机能与身体活跃度较低。时长超过30分钟的学生运动符合基本锻炼要求和时长标准，有助于学生运动耐性的提升。从学生参与网球运动的方式来看，主要有以下几个选项：部分学生选择与朋友和同伴一起运动，部分学生选择一个人进行运动与练习，还有一部分学生选择参与正规训练、网球俱乐部，或到社区参加网球运动。其中，选择与同伴共同参与练习的大学生占比最高，可以看出网球运动具有一定社交属性，可以促进学生之间的交流。

体育项目及运动开展需要资金支持，学生在网球项目上的投资情况及消费情况也可以侧面反映出当前大学生对于网球运动项目的兴趣与热情。此次研究主要从器材投资与预设消费额度两方面对大学生课余时间参与网球运动的消费情况进行了调查，从中得出，40%的学生网球器材通过借的方式获得；43%的学生通过学校提供或者租赁获得；12%的学生通过自己购买获得；其他途径获得网球器材的学生占到5%。从预期消费额度看，处于

80～200 元这一区间内的学生最多，占到 60% 左右，大学生对于网球项目的投资属于初等消费水平，与中等消费水平相比还有一定差距。大部分大学生并没有自己固定的网球器材和网球设备，主要是依靠学校提供和借用的方式获得相应器材。这说明大部分学生依然将网球运动看作一项短期兴趣活动，未能形成长期发展和终身运动的意识。基于此，高校应帮助学生真正认识到网球运动的价值所在，使学生感悟到网球运动的魅力，同时加强对网球场地及网球器材的引入与管理，引导更多潜在的网球运动爱好者参与到网球活动中，进而发展成为一项长期性兴趣活动和运动项目，推动高校网球运动的普及与发展。

从学生层面出发，通过对网球对于学生学业影响的问题调查发现，74%的学生认为网球运动对于自身的学业影响不大，说明依然存在部分学生认为网球运动会影响学业。通过采访调查发现，大部分学生都认为网球运动的时间较长，常常要花费 1～2 个小时，从而减少了学习时间，因此选择其他体育项目，将更多精力用于专业课程学习。19% 的学生认为网球运动并不会影响学习，这部分学生往往拥有较强的自控能力，能够合理安排运动锻炼与学习时间，实现体育运动和学业的双向进步。1% 的学生认为网球运动有助于学业发展，认为网球运动能够促进头脑健康发展，利于思维拓展和灵活运用。体育与思维健康具有一定的内在关联，学生在体育锻炼之后往往拥有更清醒的头脑和持久的学习动力，有助于学生学业进步。6% 的学生认为网球运动会对学业产生不利影响，认为网球运动对于体力消耗较大，影响日常学习。

高校学生的实践主动性较弱，未能将理论与兴趣付诸实际，高校网球教师及相关工作者应主动为学生创设平台与活动，拓展学生网球课余活动的途径，使学生的网球兴趣和网球训练真正落地。从高校网球社团开设情况看，与其他音乐类、艺术类、文学类的社团数量及社团类型相比，网球社团的数量较少，参与网球社团的学生数量有限。大部分参与网球社团的学生都有一定的网球基础，对网球运动较了解，这部分学生在总体大学生中的基数较小，而高校网球社团由于缺乏经验，未能进行大范围的宣传与推广，导致影响范围较小，学生的关注度较低。

网球运动是一项重要的竞技体育比赛项目，高校学生网球课余活动的竞技性特征较明显，网球竞技训练是高校开展网球课余活动的主要内容。大学生参与体育类实践活动的主要目的及动机包括：第一，为了进一步检验实际训练效果，发现网球训练和网球运动中的实际问题，提升网球比赛能力，增加比赛经验。第二，为了获得运动等级、比赛积分，获得相应的考试成绩记录等。第三，为了体验网球比赛氛围，锻炼实际比赛心理素质，增强技能水平，在比赛中磨合战术。第四，为了增加见识，结交朋友。此部分群体较看重网球运动的社交属性和交际功能。

全国大学生网球锦标赛暨全国高校"校长杯"网球赛（简称大网赛），是由中国体育协会举办、高校承办的一项全国性网球赛事。比赛分学生组和"校长杯"两个组别，学生组分为甲组、乙组和丙组，下设男子团体、女子团体、男子单打、女子单打、男子双打、女子双打等比赛项目。"校长杯"的参赛选手主要是各高校领导网球爱好者。第一届全国大学生网球锦标赛在浙江大学举行，第一届锦标赛举办时，参与院校及参与人数较少，在 2007 年的第十二届全国大学生锦标赛中参与院校及参与人数已经较多，发展规模逐渐扩大。2021 年的全国大学生网球锦标赛由武汉体育学院承办，全国各地高校的网球爱好者及网球专业学生积极参与此次比赛，在击打与运动中体会网球运动的魅力。第二十五届中国大学生网球锦标赛总决赛在四川宜宾举行，有来自全国 24 个省、市、自治区 38 个城市的 93 所高校 696

名男女运动员和各队的领队、教练员、工作人员参加了本次总决赛。此次比赛还留下了许多珍贵的比赛瞬间，摄影人员及观看的大学生以影像记录的方式将参与比赛大学生的精彩瞬间记录下来，每一张照片都代表着与众不同的"拼搏"与"奋斗"精神，是大学生青春活力的美好印刻，也是大学生不断挑战自我的信念与体育精神的最好体现。此次实践研究将对几所高校师生参与网球比赛的情况进行调查，从学生与教师两个层面出发，获取现阶段师生对网球竞赛的观点态度与实际参与现状。从调查数据中看出，高校网球赛事的举办力度还有待进一步加强，19%的师生认为学校未曾举办过有关网球比赛，通常以篮球比赛和足球比赛为主，65%的师生认为学校偶尔会举办网球比赛，但是比赛规模较小，参与学生人数及观看人数较少。以上数据说明，虽然当前网球竞赛的发展大环境较好，但是依然存在部分高校未能将网球运动和网球竞赛引入学校体育规划，缺乏对网球运动的关注，与其他体育项目和体育竞赛相比，网球运动的竞赛组织与推广相对滞后。

高校课外网球活动及网球竞赛活动的缺乏与不足，使学生缺乏实践锻炼和网球练习的平台与机会，只能通过自学或者网球课程进行学习，接触网球和学习网球运动的途径较单一，不利于形成大规模影响，不能促进网球运动的普及与发展，网球的价值性无法体现。与此同时，网球教师与教师、教师与学生之间不能进行良好的竞赛与切磋，院校之间也不能进行网球比拼和网球交流，学生的网球技艺难以得到进步与提升。

第四章　高校网球教学的 SWOT 分析

近年来，SWOT 分析方法在体育研究领域中的作用和优势得以凸显，SWOT 分析方法不仅能够对高校体育场馆运营、高校体育项目定向发展、体育俱乐部开发、体育产业管理、体育旅游业发展及发展战略等多个项目的规划与发展予以指引，还能够解答特定领域和特定项目的可行性问题。对于特定体育项目发展来说，应用 SWOT 分析方法予以分析，能够进一步提升研究的精细化和实效性。网球运动也是如此，通过引用 SWOT 分析方法对网球竞技、某地区高校网球运动、网球教学、网球职业化背景进行分析，掌握网球项目发展前景，为网球运动的优化发展提供指引。

第一节　高校网球教学的内部优势因素分析

一、SWOT 分析法的内涵及矩阵结构

SWOT 分析方法也称态势分析法，是美国教授韦里克于 20 世纪 80 年代

初提出的一种统计分析方法。所谓 SWOT 分析方法是一种通过文字描述的分类罗列、集中分析方法。SWOT 分析方法的适用范围及适用领域十分广泛，被用于各个领域内的概率估计和形势分析，与企业战略管理及战略制定业务息息相关，在长期发展与演变过程中逐渐得到完善。事实上，20 世纪 60 年代，人们就开始对 SWOT 分析方法中的一些构成元素包括优势、外部机会、劣势及威胁等进行引用，提取其中单个因素或者两个因素进行相关分析，这些元素之间处于孤立状态，无法进行综合，对战略决策予以全方位的指导与启示。随后，美国教授安德鲁在《企业战略概念》中首次将以上元素进行了整合分析，提出了 SWOT 矩阵，在此基础上，SWOT 分析方法便有了初步成型的理论框架。其中，字母 S 是 "Strengths" 的缩写，是指企业发展优势；字母 W 是 "Weaknesses" 的缩写，是指企业发展缺陷及不足；字母 O 是 "Opportunities" 的缩写，是指企业在新发展时期内外部环境创设的机遇和有利条件；字母 T 是 "Threats" 的缩写，是指企业在新发展时期可能面临的挑战和威胁。SWOT 分析方法在系统性逻辑思维的指引下，将以上四种独立因素有机组合在一起，将其内部因素进行对比与匹配，得出综合分析结果，从而帮助人们对某一企业所处的实际情况进行内外、表里、全面、准确、系统的研究，使决策者制订出符合企业现阶段实际发展情况的最佳方案。SWOT 分析方法主要是对单位的外部及内部条件予以分析，发现与探究其中存在的问题，得出相应的解决方案，从而指引公司及企业朝着正确的道路发展的一种方式方法。

　　SWOT 分析矩阵中的各个构成要素主要表现为放射性状态，环境因素处于金字塔顶端，其下分为内部环境因素和外部环境因素，两大环境因素又分别作优劣势区分。SWOT 分析矩阵中的优势和劣势主要通过将企业内部的强弱项与竞争者进行对比，而外部环境因素中的机会与威胁主要锚定企业外部整体经济及社会环境变化等。在分析的过程中，不能将内部环境因素与外部环境因素分开进行单独研究，而应将两者进行组合，对其中涉及的要素进行综合评估，得出结论。在不同因素之间两两组合的过程中，形成了以下四种组成方式，分别是杠杆效应、抑制性、脆弱性和问题性。所谓杠杆效应是优势与机会两者的组合结果，此组合形式将内部发展优势与外部机遇相结合，意指研究对象能够较好地发挥和利用自身优势获得外部条件支持，从而获得较好的发展前景。抑制性是劣势与机会之间的组合，意指研究对象的内部发展优势与外部机会因素之间出现不对等状况，相互适应时，研究对象应寻找外部发展机会用以克服劣势，积极转化内部发展劣势为积极因素。脆弱性是优势与威胁的组合，意指研究对象的内部优势在外部不良环境的影响下，优势减弱，优势效应影响变小的局面。问题性是劣势与威胁之间的组合，意指当研究对象外部挑战与内部发展劣势相遇，造成不良局面时，企业面临较严峻的发展困境。

在对高校网球运动和网球课程教学问题进行剖析的过程中发现，高校学生的网球教学问题是一个相对复杂的问题，其中涉及多个影响因素，不仅包括网球教学内部因素即师资团队建设、教育教学模式、师生观念及场地构建等，还包括社会及高校对于网球运动的接受和支持力度，这些因素对于高校大学生能否参与网球运动，获得高质量网球课程和实践训练皆有重要影响。基于此，如何将其中涉及的众多因素按照逻辑要求梳理和整合出来成为此次研究的一个关键问题。而 SWOT 分析方法采用管理学的方式对研究对象内部优劣势及外部机会、威胁等进行综合分析，能够较好满足对大学生网球教学问题的研究要求，对其中涉及的因素进行系统概括与综合整理，是此次问题分析方式的最佳选择。

SWOT 分析法出现之后，国内许多专家学者已经开始着手将其应用于体育事项的问题研究和数据分析中，取得了较好成效。学者季敦山在文章中提到，我国现阶段网球教学依旧存在一些问题，表现为网球教学软硬件设施条件处于落后状态，不能较好满足学生的训练需求，网球运动依旧处于初期阶段。从网球运动学科建设、场地建设及师资建设等多个维度入手进行综合分析与研究，整个研究过程中可以体现对于SWOT分析理念的运用。在此基础上，根据SWOT分析结果，提出了相应的改良方案，并要求构建立体式、全方位的网球运动教学体系，使网球运动得到快速发展。

二、高校网球教学的内部优势因素

（一）高校师生对于网球运动的观念转变

首先，从高校大学生参与网球运动的动机改变来看，以往大学生参与网球课程学习，实践锻炼的动机及目的在于完成体育课程任务，达到体育项目测评标准，获得相应学分。学生参与网球运动的实际动机功利性目的较强，动机属性较单一，与体育课程开设和网球课程的创设初衷相违背，也不利于学生形成积极正确的体育观念和运动观念。从最新调查结果中发现，当前高校大学生参加网球运动的动机正在朝向多元化的方向发展。大部分学生选择网球课程学习的原因在于自身对于网球运动项目比较感兴趣，在长期观看网球竞赛和世界运动比赛的过程中形成了较浓厚的兴趣，因此选择网球项目进行学习。这部分学生在总调查人群中的占比较高，达到了60%左右。其中，部分学生认为网球运动有助于增强与同伴之间的连接，认为网球运动是体育社交活动中的一种，具有较高的社交属性；还有部分学生认为网球运动是一项趣味性较高的休闲娱乐运动，与体育锻炼诉求相契合，因此选择网球课程进行学习。30%的学生主要参与动机为强身健体，认为网球运动有助于身体机能发展和身体塑形，是体育运动项目中一个较好的选择；剩余 10%的学生主要是为了满足自身好胜心及自尊心的需要，认为网球运动能够展示身体形态美，具有较高的观赏性和欣赏价值。由此可见，大学生对于网球运动具有较高的价值评价，大学生在多样化动机的引领下，能够更积极主动地选择网球课程，因此以上因素成为推动大学生参与网球运动项目的积极因素，属于网球运动 SWOT 分析法中的内部优势因素之一。

其次，从高校大学生对于网球课程及网球运动的感兴趣程度来看，网球运动是集趣味性、健身性、高雅性、时尚性及竞争性为一体的新型体育运动项目，受到越来越多青少年的喜爱与关注。高校大学生是社会群体结构中年轻化的一派，对于生活充满热情，乐于追求新鲜事物和时尚事物，对于网球运动的接受度和包容度较高。从实践调查结果可知，高校大学生对于网球运动有着浓厚的兴趣，绝大部分学生正是基于兴趣使然选择网球课程进行学习。通过将兴趣程度划分为非常喜欢、较为喜欢、一般喜欢及不喜欢四个等级，获取现阶段大学生对于网球运动的喜欢程度和感兴趣情况。其中，选择非常喜欢选项的人数占比为 10.7%左右，较为喜欢的人数占比为 49.2%，一般喜欢的人数占比为 34.9%，不喜欢的人数占比为 5.2%。"兴趣是学生最好的老师"，心理学中曾经提出，兴趣由个体需要发展而来，是个体参与某种实践活动的动机使然，也是个体主动探索某种事物带有积极情感色彩的认知倾向。当人们对于某项活动或者某件事物产生需要时，便会热衷于接触与观察此项事物，全身心投入其中，进行深入的研究与分析，以侦破其中的奥秘。因此，兴趣是大学生选择网球运动，进行实践训练和学习的重要内部影响因素，也是大学生网球运动 SWOT 分析法中内部优势的包含因素之一。

从当前高校师生对网球运动的发展前景态度看，多数高校及师生对于网球运动的发展前景秉持乐观的态度。14%的师生对网球运动发展持有"非常乐观"的态度；56%的师生持有"比较乐观"的态度；表示"不容乐观"及"不确定"的师生分别占16%和14%。世界竞赛中，中国网球运动员捷报频频及国内体育环境氛围的提升使高校网球运动推广与普及环境更好，高校教师与学生对于网球运动持有更高的接受度和包容度，能够以敞开的心态应对网球活动的普及与发展，为网球项目发展与优化完善提供平台。

（二）校园体育文化氛围良好

校园体育文化是在学校这一特定环境内形成的一种体育文化氛围，是师生在教研与活动中创造的物质财富与体育精神财富的总和，体育环境与体育氛围对每一位师生都有着重要的影响。学校师生在健身运动、体育教学、体育设施建设及运动竞赛等实践活动中形成的一切物质精神财富、体育意识与体育观念都属于体育文化。体育文化是高校文化中较活跃、开展范围广泛、参与师生人数最多、持续时间最长、影响最深远的文化活动。体育文化及体育活动具有广泛的教育功能和教育价值，体育活动是承载体育文化的主要介质，不仅能够增强学生的体质与健康，还能够帮助学生树立公平竞争的意识及团结协作的道德风尚，提升学生道德品质和学校整体形象。国家政府及教育部门的指导思想、行政决策都会对学校体育工作产生一定影响，关系到学校校园风尚及体育文化的营造与创设。在"阳光体育"理念引领下，高校对于体育活动的关注度和重视度越来越高，体育赛事及体育项目发展态势良好，得到了院校师生的一致好评。体育文化节面向全体学生，将体育文体作为素质教育的重要组成部分来抓，为学生提供展现个人才华、技艺的机会，培养发展学生个性，增强集体荣誉感，提高全校师生的体育文化素养。高校集中利用一周的中午和下午课外活动时间，组织开展以趣味为特色的体育活动，要求学生人人参加，使学生在快乐中体验运动的乐趣，这些活动能够消除教师与学生之间的职业壁垒，使师生参与到运动项目中，积极合作与交流，通过参加不同运动项目，拉近师生、生生距离，使大学生产生对不同体育项目的实践感悟。在校园环境创设中，加入体育文化知识宣传板块及宣传栏目，将有关网球比赛及国际竞赛的情况以图片和文字的方式呈现给学生，使大学生可以在校内各处感受到体育文化的存在，大大增强了学生参与体育项目及体育锻炼的自主性和积极性。

除此之外，高校通过"以赛促学、以赛促练、以赛促教、以赛促长"等多种活动形式，营造了良好的校园体育文化氛围。高校设有校运动队进行常年训练，保证阳光长跑活动持续开展，校体育社团组织常年开展丰富多彩的校园体育文化活动竞赛，推广普及竞技运动，形成班班有活动、月月有竞赛，"班、院、校"三级联动竞赛机制，使校园体育文化竞赛活动充满生机与活力。校园体育氛围营造为高校网球运动的普及与发展提供了一个较好的跳板与平台，是高校网球运动优化发展的内在积极因素。高校应在此基础上，加强对校园体育文化的塑造，依照校园体育设施条件、学生体育实况及学校体育文化特点，选择不同的体育活动和体育项目，形成具有自身特色的校园体育文化。

（三）网球教学要素更为完善

教学要素是影响高校网球教学能否顺利进行的关键因素，教学要素主要包括网球场地设施及教师教学模式等。根据实践调查结果，从高校网球课程目标体系构建情况看，高校在严格秉持终身体育及"健康第一"的体育育人理念基础上，对网球课程目标进行改良，使其更加契合学生身心和谐发展的育人目标，符合社会主义核心价值观及体育学科核心素养的基本要求。当前高校已经形成了目标明晰、科学准确的课程目标体系，能够为实践网球课程教学提供较好的规划指引。现代文明生活方式和观念变革为体育文化的生存与发展创设了更广阔的空间，也为高校开展体育教学的价值定位提出了挑战。终身体育思想理念要求高校及相关教育工作者应秉持整体发展观念和未来发展意识，善于思考体育教学的总体目标，为体育课程的可持续性发展绘制蓝图，摆正体育教学在总的教育教学体系中的重要位置，避免出现将高校体育课程目标局限于大学生体育测评及身体检测等量化数据上的问题，而应着眼于学生的未来发展，将体育教学和网球运动作为学生未来健康发展的长久兴趣和运动体项，注重体育项目的内涵发展，进一步提升学生的体育文化修养，帮助学生更好适应现代精神文明生活形式，形成积极健康的内心世界，从而使学生秉持正确积极的体育观念和生活观念对待之后的学习与生活。

高校将"健康第一"奉为网球课程教学和目标设定的指导性思想。高校在确定课程目标的过程中，将学生身心健康发展作为目标设置的底线，更多地关注学生本体发展和身心状况，关注学生的社会心理发展和个性发挥。在此理念要求下，高校提出学生通过网球课程学习，应树立健康意识和终身体育意识，愿意主动参与和积极进行网球锻炼，形成自觉锻炼的良好习惯等课程目标，学校网球课程的育人目标更加贴近现代人对于体育健康的观念及态度，符合现代大学生的体育教学需求。在网球运动技能目标设定中，高校根据学生发展现状，提出了以下几点要求：第一，学生应通过基本课程学习掌握基本的网球运动方法和身体素质练习方法，能够独立完成一些简单的训练内容，提升身体机能和有氧代谢能力；第二，了解并掌握网球基本技巧和战术的能力，主要包括正反手底线、发球、截球与高压等。

从网球课程教学内容及课程设置情况看，技术环境的变化使人才培养的要求发生了变化，也为网球课程优化及教学改革带来了新机遇。《中国学生发展核心素养》强调学生应具备文化基础、社会参与及自主发展三方面的能力与品格，技术元素成为教育环境中不可或缺的元素，拍照识别、语音识别、AI 智能之类的先进技术结合教育场景成为师生高频使用的学习工具，催生出在不同学科领域的应用，对于体育教育优化发展具有显著作用。现阶段，高校网球课程除了在结构上更加合理、更加系统之外，在内容上更加丰富和全面，互联网的出现为教学资源整合提供了可能性，高校之间的网球课程构建与交流更加便利，可以进行相互沟通与引用，网球课程的涵盖量更广，既有国内网球教学资源，也包括国外知名专家及大型网球赛事视频资源，能够满足不同学生的学习需要，使学生接触到不同类型及风格的网球运动项目。网球教学方法也得到了创新发展，将传统模式中的动作示范、课堂讲解、强化练习与线上教学相结合，通过"线上"+"线下"教学方式有机结合，可以把不同水平的学习者引向由浅到深的学习。现阶段，大学生在学习中对于信息化手段的运用频率较高，信息获取途径更广，高校网球课程改革与教学优化能够迎合这一改革趋势，提供符合学生认知规律和学习习惯的思维呈现和教学方式，能够进一步激发学生学习的积极性，拓展学生学习视野，使学生在优质网球课程资源的基础上掌握网球基本知识，获得实践能力。

除此之外，大部分高校内部都设有网球社团，高校网球社团是学生课余时间参与网球运动的主要途径和方式之一，相比于学生个体参与网球运动来说，网球社团的系统性和规整性更强，能够为有需要的学生提供多种形式的网球运动。且网球社团对于学生的网球技能要求较低，未接触过网球运动及处于网球初阶的学生也同样可以加入网球社团，网球社团具有较大的包容性和接纳性。处于相同网球学习阶段的学生可以在一起练习与交流，探讨网球运动和动作技巧，促进学生网球专业技能提升。多样化的网球社团活动也可以激发学生网球学习的兴趣，为高校在校学生构建一个天然的社交平台，使学生在运动中感悟快乐，在快乐活动中结交朋友，进一步增强学生的身体素质和情感体验。

第二节　高校网球教学的内部劣势因素分析

一、传统培养模式的束缚

首先，在实践教学过程中，体育课程教师往往容易陷入固定思维模式中，采用固化单一的方式引导学生进行网球练习。在此单一化的训练模式下，教师过于看重学生的网球技能培养与提升，而忽视学生网球运动能力的发挥，在训练内容与训练形式上皆有较大不足和缺陷。此教育形式过于追求技能训练的硬性目标和量化结果，在实践中具体表现为学生能够很好地理解网球项目技能，但是缺乏与之相匹配的体能素质，技术和战法在实际竞技和比赛过程中很难得到发挥，学生心态也容易受到影响，力不从心，导致实践技能与教学内容之间出现较大隔阂与脱节。

其次，高校网球教师在教学中容易出现两极分化的问题。一部分教师倾向于选择一对一式的教学方法，此教学方式虽然有助于学生的个性化发展，实施针对性教学，但是在实际实施中困难较大，由于师生数量严重不对等，教师往往不能公平地兼顾到每一位学生的需求，使部分学生被忽视，不利于整体学习进度和学习质量的提升。且此方法不便于集体的理论性指导，教师不能很好把握和了解学生的共性问题，进行及时解答，可能会造成时间与精力的浪费，拖延学生整体学习进度。而另一部分教师倾向于采用整体教学的方式进行统一教学，此种方式不能兼顾到学生实际学习情况和运动能力，也存在一定的弊端。

最后，由于传统观念束缚，高校网球教学的数字化引用及发展进程较为缓慢。从我国体育教学的整体发展情况看，多数高校在实践教学中主要以传统方式为主，通过动作示范及组织学生不断进行动作练习达到相应的教学目标，对于学生的学习兴趣及学习需求等因素的关注度较低，教学质量不尽如人意。尤其对于经验较丰富的体育教师来说，由于思维固化，未能看到新型科学技术在实践教学中的重要价值与作用，在授课中对于现代技术的应用率较低，导致课程内容枯燥乏味，训练过程单一老套，学生对于网球课程的学习兴趣较低。

二、培训理念与训练方法限制

一方面，由于高校的网球教师资源较少，教师与学生之间的数量匹配性差，教师无法兼顾每一位学生的学习情况和学习需要。在高校体育教师队伍中，网球课程教师的数量较少，占比较低，网球师资队伍结构不合理，无法为学生创设高质量网球课堂。从高校网球教学的组织形式来看，为了满足大多数学生的学习需要，网球教师所带学生数量较多，一般以大班教学的方式组织学生进行学习。大班教学模式虽然有利于统一化教学，但是却无法为学生提供针对性建议，无法一对一地对学生进行动作辅导与纠正，出现秩序性问题，由于学生能力不对等，也可能产生学生对知识的领悟能力和动作掌握程度不同的问题。从学生层面看，班级人数太多容易导致学生的注意力分散，不能更深入地了解教师所教内容，不能及时了解自身动作的错误与不足，不利于个体动作完善和技能提升。在实践教学中，网球教师不能科学地应用教学方法，为处于不同训练阶段的学生提供针对性的教学模式和教学环境，导致学生能力与训练内容之间不相匹配，部分学生的学习能力较差，无法与网球训练队的平均水平持平，训练实效性差，学生的网球技能水平无法获得提升。

另一方面，网球课程主要开设在大一与大二学年，大三与大四学年一般不开设体育课程，学生可学的年限较短，学习时间有限。大部分高校网球课程的学习时长为 36 课时，部分学校学习时长仅为 16 学时。网球运动作为一项系统性项目，常常需要持续不断地练习，参与实践训练，才能真正掌握和熟练运用网球战术和网球技巧，短时间的网球学习只能使学生初步感悟和学习关于网球运动的浅显知识和基础性动作，不能更深入地了解多种击球技术和网球战术。很多大学生在大一学习网球课程之后，由于主观因素及客观因素的影响，大二选择另外一项体育运动和选修课程进行学习，导致之前所学的网球知识和动作技能荒废，网球课程学习的持久性较差。以上原因都会导致学生对网球课程的学习存在"走马观花"问题，无法真正消化与吸纳网球新知识和新技能，在练习中也只是模仿教师的示范动作挥动拍子，不能按照正确的姿势和动作进行击球。

由于受到传统教学理念的束缚，很大一部分网球教师容易陷入思维黑洞中，采用传统教学模式和单一的教学手段对学生进行训练，无法有力调动学生的学习热情。网球运动体系并不连续，很多大学生在小学、中学期间未能接触网球运动，在刚开始接触和学习网球课程、网球运动时难度较大，这也给高校教师初期教学带来了更大的困难，教师如何更好地引导学生进入学习状态，延续对网球运动的学习兴趣是一个十分重要的问题。如果单纯以动作演示和讲解的方式进行教学，学生不能很好地吸收知识，或对知识进行融会贯通，往往不能取得较好的教学效果。网球教师应积极寻求生活中的实际案例和直接经验，选取生活中与网球运动击球、截球等动作相似的活动，以常见案例和典型动作为切入口，使学生更深刻地了解动作标准与要求，能够举一反三进行知识迁移，做出标准动作。

除此之外，高校在聘用兼职网球教师的过程中，由于未对兼职教师的实际教学情况及教学经验进行全面调查与了解，导致兼职教师质量参差不齐，很大一部分兼职教师的教学水平较低，对于网球运动的理论概念、操作能力、运动技能及训练要求的掌握不够牢靠，实践训练中无法较好满足学生的学习需求和训练需求，不能较好引领学生进行技能练习和战术实践，不利于学生网球技能培养与提升。高校缺乏相应的继续教育教学平台，网球课程教师的晋升路径和学习路径较少，教师在从事工作之后一直处于封闭状态，知识储备及网球技能没有增长与更新，对于网球竞赛及网球新知识的了解较少，不能根据新的教学理念进行实践创新，或优化教学模式和教学手段，不利于网球教育可持续发展。

三、网球运动要求较高

网球运动是一项综合性运动，对于运动者的身体机能及肢体协调性要求较高，需要学习者具有一定的运动基础，能够按照运动要求做出相应的标准动作，且网球运动技能形成周期较长，需要运动员进行不间断的多次练习才能掌握运动技巧，形成标准程度更高的动作和肌肉记忆，如果运动员在学习过程中出现断接的问题，很容易忘记之前学习的动作，无法形成肌肉记忆，实现动作定型。因此，网球运动对于运动者的身体素质及运动基础皆有较高的要求。从当前大学生的身体素质及机能发展情况来看，大学生由于长时间不参与运动和实践活动，身体机能情况较差，运动基础较弱。大学生在刚接触网球课程，参与实际训练时，短时间内往往不能较好适应网球运动的强度，出现身体不适及疲劳的问题，使网球教学进度缓慢，网球教学难以展开。网球教师往往在教学初期需要花费较长的时间带领学生熟悉与了解网球相关知识和内容，对基本动作进行练习。部分学生由于害怕他人讥笑，倾向于选择一些简单的运动及常见体育项目进行练习，抑或在网球训练中无法放开自我，全身心投入练习，做出标准动作。这些都是阻碍网球运动普及和网球教学优化的不利因素。

网球场地及器材的缺失是限制网球普及及网球发展的基本因素。网球场地及网球器材作为开展网球运动和网球教学的物质基础，是网球运动顺利进行的重要保障。与其他体育项目和课程相比，网球运动的装备费用及场地器材费用更高，学生需要投入的资金与精力更多。从高校网球发展的财力资源情况看，高校网球场地构建及设备购买主要以学校内部财政拨款为主，经费来源及使用途径相对单一。由于高校对体育项目及网球运动的关注度较低，导致在实际规划中未能将网球运动优化发展引入其中，对于网球项目的投入经费较少，网球场地基础设施建设与完善工作进度缓慢，很多院校都存在网球场地与学生数量严重不匹配的问题，学生平均分得的网球教学资源较少，不利于网球项目和网球教学优化发展。学生由于经济压力及经费问题，体育消费意识较差，选择另外一些费用较低、学校设备齐全的运动项目，使参与网球运动、选择网球课程的学生数量较少。虽然在实践调查中大部分学生对于网球运动和网球训练的兴趣较高，愿意主动学习和参与网球运动，在课余时间和闲暇时间进行动作练习和实践活动，但是由于经费和场地等客观因素的影响，使这一兴趣及想法无法真正落到实地，网球运动和网球练习由理论转向实践困难重重。同时，建有室内网球训练场所的院校较少，大部分高校未构建室内网球场地，当遇到恶劣天气或者雨天时，网球教师只好调整教学计划和教学内容，将原本的室外练习和训练课程改为室内理论教学，或者直接取消此次课程，由学生自由活动，导致网球教学进度缓慢，网球计划被打乱，实践训练内容较欠缺。

从现阶段网球教材储备及使用情况看，当前高校网球教材类型较少，大部分高校都在使用统一的网球教材，校本资源的开发与使用较少。从中可以看出，高校忽视了对学生体育理论及网球文化等方面的教育，网球理论知识与实践之间缺乏衔接，学生不能很好进行融会贯通。学生没有在理论上弥补相关的知识，可能对技术与理论理解不深，影响实践操作及对动作的深刻掌握。

第三节　高校网球教学的外部机遇因素分析

一、体育育人大环境的积极影响

高校体育是为党和国家培育健康人才和优质青年的重要手段，体育育人的价值指向和体现必须以促进学生全面发展为依据，使学生成为新时代社会主义事业的支柱性人才，与立德树人根本任务相配合，实现五育并举，共同育人。新时期，国家政府及教育部门对高校体育教学提出了新的标准和要求。高校必须加强顶层设计和制度建设，在两者的坚实保障下，尽快实现体育教学的高质量发展。高校体育体制机制在近几年得到了系统化改革，高校按照体育育人理念要求，将体育教学与人才培养计划相连接，从学校的体育发展实际和学生现状出发，提出了一系列具体可行的体育教学发展方案，使体育贯穿于整个人才培养全过程，实现体育参与学校办学理念构设、培养计划、文化建设、管理服务及教学科研等多项工作中。

2002 年，教育部根据高等院校体育课程建设和发展经验，提出了《全国普通高等学校体育课程教学指导纲要》一文，对大学生体育课程学习要求进行了说明，是新发展阶段普通高等学校制定体育课程的教学大纲和理论指引，也是高校进行体育课程建设和教学改革的重要依据。文件指出，体育课程是大学生以身体练习为主要手段，通过合理的体育教育和科学的体育锻炼过程，达到增强体质、增进健康和提高体育素养为主要目标的公共必修课程，体育课程是高等教育教学体系的重要组成部分，也是体育工作的核心环节。网球课程培育目标在于通过网球教学使学生了解网球运动的基本规律，初步掌握网球运动的基本知识、基本技术和基本战术。结合网球运动的特点，在教学过程中培养学生顽强拼搏、文明守纪等品质及良好的对抗和竞争意识。同时使学生掌握开展课外网球活动与组织的竞赛方法。

在体育大环境背景的影响下，高校内部体育环境及体育文化氛围更好，为网球运动的普及创设了更大可能性。网球社团是由在校学生自发组织形成的一种社团形式的体育活动。在高校团委管理监测及合理安排下引导社团成员利用课余时间，进行一系列的网球运动，从而实现传播校园网球文化、推广校园网球活动、提高网球技术水平的目标。网球社团属于公益性质组织，其自发性、发展性特征较明显。一般来说，参与学校网球社团活动的人员主要是对网球比较感兴趣的教师及学生，社团负责人通过网球宣传及网球比赛等活动形式，吸引更多人加入社团中，成为网球社团的一员，保证网球社团获得持续发展动力，在校园内部及校园外部产生较大的影响力，提升学生的身体素质水平，丰富校园体育文化生活。

教育部联合共青团中央在《关于加强和改进大学生社团工作的意见》文件中指出，高校学生社团活动是提升素质教育质量的有效方式和重要途径，对于校园文化建设、学生综合素质提升有着积极的促进作用，有助于引导学生更好更快地适应社会生活，促进学生成才就业。在此政策指引下，高校社团活动如火如荼举行，开办情况日益良好，建立了一套较完整的制度保障系统。高校将学生参与体育社团实践活动作为学生德育分值评测指标之一，使两者更好连接起来，大学生开始将体育社团活动作为生活实践的重要组成部分，主动参与大学生体育社团活动。高校有目的、有计划地在校内开展网球竞赛运动，营造了良好的体育文化氛围，从而进一步激发学生参与体育训练的意识和兴趣，促进学生身心健康发展。网球社团活动能够进一步丰富社团类型及社团活动形式，为学生文体生活创设更多平台，使学生拥有多种选择。由此，网球文化及体育理念由外向内实现传递，形成内外互通的良好教学氛围。

二、网球教学途径拓展

高校网球运动发展外部机会较多，在信息化时代下，大学生可以通过各种各样的途径获取网球知识及网球课程资源。例如，许多专业网球教练及网球运动员在抖音及快手平台上传不同阶段的教学视频和网球练习视频，学生可以在以上平台免费获取相关资源，根据自身的学习水平和学习情况选择相应的视频进行观看，从而进一步纠正自己的发球动作和击球姿势，使网球操作更加规范和标准。此外，学生还可以观看国内外各种网球赛事，以直播和录屏的不同方式观看比赛，真正实现不出门知晓天下事。通过微博及平台论坛与其他各国的网球爱好者进行交流与讨论，了解不同国家网球运动的产生与演变、特征与要求，进一步拓展网球视野，学习更多网球实战技术和网球战术策略。

随着网球运动的普及，高校对网球场地及网球设备的资金投入及设计规划更加合理，学校网球场地面积得到进一步扩大，学生网球学习资源更加充足。以太原理工大学为例，它有多个校区，包括迎西校区、虎峪校区和榆次区新建的明向校区，每个校区都建有网球场。新建的明向校区在2014 年正式投入使用，新建校区内网球场地的数量得到增长，对于网球场地的建设规划更为科学合理，从中看出太原市高校对于网球运动的关注度在不断增加。2019 年，在太原市汾河附近滨河体育中心举办的第二届青年运动会（以下简称二青会）中就包含网球比赛项目，比赛邀请了全国不同地区的运动员。二青会作为太原市的体育盛会，吸引了各个地区人民关注，前往观看此次赛项，其中包括太原地区高等院校的学生与教师。当地高校学生不仅可以现场观看网球竞赛，学习网球规则，近距离感受网球魅力，还能够以志愿者和工作人员的身份进入会场，参与比赛，与网球运动员近距离接触与交谈。此外，比赛投资建设的网球场地在赛事结束后以惠民的价格面向社会开放，在一定程度上解决了高校没有网球场地的问题。除此之外，深圳地区、武汉地区及上海地区等地举办的中国网球公开赛也为高校学生学习与参与网球比赛提供了更多路径，这些知名的网球比赛拥有非常强大的选手阵容，既有超级巨星，也不乏后起之秀，每场比赛都将是众多巡回赛决赛阵容的强强对话，格外激烈精彩。而青少年网球比赛也在如火如荼地进行中，各地区迎着网球运动良好发展态势，纷纷举办青少年网球比赛，为网球运动员之间的切磋与交流提供平台与机会。网球运动正在逐渐下行，向低年龄段倾斜，使学生在较小的年龄开始接触与学习网球项目，为之后的网球课程学习打好基础。

高校网球俱乐部构建更加完善，网球俱乐部常年招收学员。网球俱乐部中不仅有较年轻的大学生和中学生，还有部分家长。在对参与俱乐部的大学生进行访谈时发现，部分大学生在校外网球俱乐部担任网球教练职务，兼职网球训练和教学。由此看出，随着社会经济水平不断提升，家长对于学生兴趣培养以及技能发展上的消费与投入水平得到显著提升，家长不再只关注学生的成绩提升，也开始注重学生体质健康。网球运动是一项老少皆宜的体育运动，与羽毛球运动类似，对于运动者的年龄限制和性别限制较低，适合不同年龄阶段的人员参与。可以想象，在社会良好发展环境下，高校网球教学将以全新的面貌出现在人们视线中，网球运动也将得到更多人的认可，成为一种全民参与的运动项目。

第四节　高校网球教学的外部挑战因素分析

一、校园文化和师生观念欠缺

大学校园内的体育文化和体育氛围较缺乏，教师与学生未能形成对体育锻炼和身体养护的正确认知。大学校园是大学生学习与生活的主要场地，大学生对于体育运动的观点与态度受到校园体育文化及教师观念的双重影响。校园体育文化比较浓厚，对于学生身体素质较关注，往往能够激发学生体育锻炼的热情，促使学生积极参与体育课程锻炼和网球运动，为大学生体育锻炼和网球训练提供充足的平台和机会。而校园体育文化缺乏的高校则不能很好指引学生进行体育训练，不利于学生身体素质的提升与维护。从现阶段高校师生观念及学校体育文化发展情况看，由于大学教师未能正视体育训练及实践活动在学生全面发展中的重要作用，忽视了学生身体养护和体育锻炼，致使网球课程开展比较困难，大多数高校依然将成绩及专业课发展作为育人重点，忽视了体育教学在人才培养和学生全面发展中的重要价值。同时，基于网球运动是由国外发展而来的一项运动，对于部分高校来说还较为生疏，学生往往更愿意选择难度较低和较熟悉的国内运动项目，如足球、篮球、太极拳及羽毛球等常见的体育课程。学校对于网球课程的开发度和宣传力度较小，无法使学生了解网球的内涵及优势，网球课程的实际参与人数较少，网球活动的课程普及率较低。从网球课程参与的男女生比例来看，女生选择网球课程的人数较少，男女生比例不太协调。

二、网球设施构建不全

网球运动的主要训练场所和活动场所是在室外，对于北方地区的高校来说，冬天天气寒冷，气候条件较差，不利于学生进行户外训练和网球活动。而南方阴雨时节也不适合学生户外运动。还有物质条件方面的限制。网球运动从产生伊始，就是一项贵族运动，对于场地、用具的要求往往高于篮球、排球、足球、羽毛球等运动项目，因此现阶段我国高校开展网球教学存在非常严重的场地有限及设备不完善等方面问题。随着高等教育的不断深入发展，尽管网球场地在大学中已经比较普遍，然而场地的增加不但远远低于参与网球运动的学生数量的增加，更无法与高校不断扩招所导致的庞大的学生规模相匹配。而且在高校中，一般篮球和足球乃至羽毛球场地都是长时间对学生开放的，即使是少数收费的场馆也都未超出大多数学生的经济能力，而网球场地则不然，多数高校的网球场地除了教学期间之外，在课外时间都是不对学生开放的，或者是对学生开放但同时收取昂贵的场地使用费，这在很大程度上削弱了学生学习网球的热情和兴趣，并且减少了学生在课外参与网球运动的可能。在网球教学中，学生往往需要自备网球拍，学校只提供少量的网球，学生由于经济能力所限，多数不具备购买网球拍及大量购买网球和租用场地的条件，这又进一步制约了学生对网球运动的参与，并限制了学生网球运动水平的提高。

不同院校在网球课程建设及教学方面存在发展不平衡的问题。以太原地区为例，太原市普通高等院校中，网球运动发展较好，网球课程构建良好的院校只有中北大学和山西大学，其他院校的网球教学还存在一定的不足之处，有待进一步地提升与完善，部分院校甚至没有建设网球场地，没有开设网球选修课程。这些高校之间的差异较大，想要联合举办网球比赛，或是进行网球经验交流和研讨，十分困难。在此基本情况下，学院之间网球社团交流、举办竞赛的可能性较小，不利于学校网球一体化教学体系的搭建，不利于高校整体网球教育教学质量的提升与完善，制约了网球运动快速发展。

高校网球课程及项目发展与其他体育项目发展存在不平衡的问题。篮球与足球运动是大学生常接触的运动项目，拥有良好的群众基础，往往不需要宣传就会吸引多数大学生的关注与参与，课程参与人数较多。这些传统体育项目一直都是高校关注的重点和焦点，高校领导及学生对于其的关注程度较高。而网球运动的上手难度较大，学生需要经过长期练习才能进入比赛，参与正式的网球项目。以上原因导致网球项目难以真正进入大众视野，获得更多人的关注与重视，如何扩大网球课程学生基数是当前高校网球发展应思考的一个重要问题。

通过对影响高校网球运动的相关因素进行分类与陈列，按照 SWOT 矩阵分析模型加以组合排列，将优势与劣势、机遇与挑战因素进行结合分析，得出关于网球运动发展的综合分析结果。

第一，将内部优势与外部机遇（SO 组合）进行结合分析，高校网球运动发展中要充分挖掘和利用网球运动发展的内部优势，紧抓外部机遇，实现跨越式发展。网球运动作为一项高雅的体育运动项目，其本身适应当今快速发展的社会，而且作为一项隔网类运动项目，适应于各个年龄阶段的人参加。除了运动参与的功能，网球运动的观赏性还很高，学生可以借助多媒体手段学习网球技术动作，或者通过互联网观看网球比赛，以及与各方面的人员进行沟通。通过互联网和多媒体手段，让网球运动在高校中出现的频率增加，增强网球运动在高校中的影响力。同时，对网球运动在高校中的普及和宣传起到重要作用。高校学生对于网球课程及网球运动的兴趣较高，无论是在网球运动消费还是网球运动参与上皆表现出较高的积极性，以兴趣主导的网球活动能够使网球教学质量得到质的提升，拥有较高主动性和参与性的学生不仅拥有优良的体育环境，沉浸在体育文化中，还可以依托学校免费的场地和设备进行锻炼，专家教师可以给予学生充分的指导，且日常社团活动及网球竞赛能够为学生闲暇时间参与网球项目提供平台。无论是高校内部资源和环境，还是外部资源与环境对于网球发展都具有积极的影响作用。高校应抓住这些发展机遇，培养社会所需的网球人才，引导学生树立体育意识，带动学生参与体育活动的积极性，进而养成体育锻炼习惯，充分发挥高校内部优势，提升高校体育环境软性因素的育人价值，实现环境育人。

第二，内部劣势与外部机遇（WO 组合）之间的碰撞与结合。高校处于外部发展环境之中，网球运动发展受到外部各项因素的影响，外部积极因素能够为网球教学发展提供有力支持，但是网球运动发展中不可避免会出现一些问题，WO 组合分析在于充分利用网球运动的外部机遇降低网球运动内在劣势带来的不利影响，是一种扭转型趋势。

此部分主要从网球比赛积极影响、高校网球教师发展、网球场地使用及互联网等方面予以说明。二青会及青年网球比赛为当地高校建设了数量可观的网球场地，这些有力资源能够为高校网球教学及网球实训提供平台。高校可以利用这些比赛场地在校外组织学生学习与训练，缓解高校网球场地缺失的问题，使网球课程开展和网球教学资源分配更加科学合理。山西省对于此类问题的处理能够为我们提供较好的案例榜样，山西省政府曾经在文件中明确指出："二青会场馆应当用于全民健身，将赛事功能和赛后群众健身功能结合起来，一半以上的大型场馆应免费或者低收费向社会大众开放，使体育场馆能够用于全民健身活动。高校领导要积极响应政府号召，加强对二青会场地的使用，使学生有网球场地可用。"从高校网球教师发展层面看，高校当前网球教师团队结构、人员构成存在一定问题。网球教师的数量较少，教师学历及专业能力还有待进一步提升，高校整体科研水平和竞技水平较低。伴随高校校园扩建及网球场地扩建，高校应招聘更多高学历及高水平的网球教师，优化网球教师团队结构，从整体上提升网球教育质量水平。互联网及新媒体技术发展对于学生及高校教师皆有重要影响，高校教师应抓住一切学习的机会，通过观看及分析互联网中的网球训练视频，参与网上讨论活动学习网球教育教学新观念和教育新模式，将一些新的教育手段用于实践教学，以进一步提升教学素养和教学能力，为学生创设层次鲜明、内容丰富的网球课程，提升学生对于网球运动的乐趣，缓解单一教学模式造成的学习疲劳，使学生主动参与网球运动。通过以上手段，可以更好地将外部机遇用于内部劣势转换，弥补现有网球教学中存在的问题。

第三，内部优势与外部威胁（ST 组合）之间的碰撞与结合。高校应利用网球教育发展中取得的显著性成果和有利因素消除和化解外部威胁，实现优势互补和多元化发展。对于网球教学过程中产生及存在的不可控的客观外部因素，高校应从内部层面出发进行灵活调整和优化，以更好适应外部环境变化。一方面，气候变化对于室外网球训练运动的影响是不可控和不可抗拒的，不利于学生开展网球训练及网球竞赛活动。基于此，高校应根据自身经济发展水平和校园场地情况建设室内网球场地，改善和优化学校网球场地硬件设施条件，解决网球场地的问题及极端天气影响，将网球运动发展推向更高阶层。另一方面，针对当前高校体育项目之间发展不均，篮球运动"垄断"的问题，高校新入职的年轻网球教师应发挥领头羊作用，积极探寻可行路径和创新发展路径，引领一批专业网球运动员及对网球感兴趣的学生，创设良好的网球学习氛围和文化氛围，带领学生参与全国网球竞赛，扩大网球运动的影响力。

第四，内部劣势与外部威胁（WT 组合）之间的碰撞与组合。克服网球运动发展的劣势，采取积极的方式面对威胁，探寻多种可行路径化解威胁与劣势，是一种防御型趋势。WT 组合是一种双避选择，在于减少阻碍高校网球运动发展的内部劣势因素，降低外部威胁因素。

高校学生、高校领导及网球教师是决定高校网球运动发展的重要因素，此部分主要以高校领导、网球教师及高校学生为突破口进行论述与说明。高校领导应正视网球运动、网球课程的重要价值，看到当前大学生网球学习的切实需要，尽力满足学生需求，为高校师生开展网球运动提供帮助和支持，给予政策及资金方面的支持，提升教学的积极性。高校网球教师在完成网球课程教学任务之后，应进行及时性反思，对教学中存在的问题进行深刻分析，寻求改进方案和优化举措，以多样化训练手段开展网球教学，开拓思路，提高认识，提高网球教师的人文素质和专项技术，加强网球师资队伍建设和提高教师综合素质，加强网球教材建设和改进教学内容。学校之间可以相互观摩与交流，学校之间可互派教师进修学习，也可以与网球专业团体进行学习与交流，学习他们先进的训练手段和技术，还可以派访问学者到国外交流与学习。学习网球发达国家的教学理念、训练手段，大大提升师资的素质和水平。高校学生应以多种角色与身份参与当地的网球竞赛和体育活动，可以以参赛者的身份直观感受激烈的网球竞赛，也可以以裁判员的身份对网球比赛进行公正判定，增强网球知识素养，抑或是以观众的身份为网球运动员加油呐喊。

第五章　高校网球教学改革及创新发展策略

第一节　优化高校网球体育课程教学条件

高校网球体育课程教学条件优化发展需要政府、教育部门、社会企业及高校之间相互配合，共同协作完成。当地政府部门应引导当地运动企业参与学校网球场地建设，基于物质和资金投资，扩展高校体育事业发展的资金链，实现可持续性发展。高校可以通过提供场地与人员支持等方式实现对企业的反哺，形成合作共赢关系，高校为企业提供网球项目活动及竞赛举办地，由学校网球社团及相关人员参与组织，提供人力支撑，从而确保企业活动顺利展开。推广大型体育场馆的服务外包模式、推进委托专业公司治理模式、尝试 PPP 模式运营。市场运营商要响应国家号召，加强与相关政府部门的联系，切实发展好网球运动。同时，高校应组织校内体育教师和管理人员前往规划和建设全面的高校网球场地进行参与与学习，通过对其建设规划及设备购置情况、网球选修课程安排与开设情况、教师教学情况、网球社团及竞赛组织情况进行综合调查，提取和学习其中的有利经验，形成学习报告，将其用于本校网球课程改革和教学优化、网球场地构建及设备安置中。高校还应以发展性目光看待网球运动，避免将网球运动局限于校内发展，而应通过租赁、合作采购及补贴的方式吸引外界企业支持网球运动，加大宣传力度，吸引投资者的目光，以网球运动的优势吸引和增加投资者支持。高校网球场地可以通过向外开放的方式赚取补贴，制定合理价格，对校外参与网球运动的人士进行收费，以为校内网球场地构建及网球运动发展提供更多资金支持。

从完善网球场地功能、优化课程安排、提高管理水平三个层面出发优化网球场地设施使用管理，实现对高校网球场地的科学构建和合理分配。网球场地和网球设备是学校开展网球运动的重要基础。网球项目发展良好的高校一般都建有较正规的网球场地，经济条件较好的高校还设有标准的室内网球场地，网球场地大小与规模符合网球场地构建要求，有助于为学生网球运动提供充分的物质保证。但是当前高校网球场地设施统计与管理、功能开发与运用方面较欠缺，由于当前大学生人数越来越多，对于网球课程的需求量也不断提升，学生在网球选修课程选择上存在较大困难，参与网球课程的学生数量较多，选课时线上系统容易出现闪退和黑屏的现象，还有很大一部分学生未能根据兴趣需要选到喜欢的运动项目和体育课程，参与体育课程学习的热情度不高。而网球上课人数较多，使网球场地使用较拥挤，学生与学生之间的练习间隔较小，容易发生安全性问题，也不利于学生标准动作的练习与形成。基于此，高校应做好统筹规划与顶层设计，在休学及节假日期间进行施工，充分利用学校已有场地，对学校场地进行合理规划，根据往年学生体育课程参与比例灵活调整和安排体育教学场地，为网球场地扩展匀出空间。同时，根据学校的经费预算情况，在校内搭建网球练习场所，缩减其他多余设备和开支，简化室内网球场地，为学生网球练习提供更多平台。同时，学校应定期对校园内部的墙壁进行勘察、检修、设计和加固，对一些凹凸不平的墙壁进行重新修饰和刷平，增加学生网球练习场地，丰富网球场地的功能。

一般而言，标准网球场地的最佳容纳学生人数为 6 人教学、4 人训练。从现阶段高校网球场地实际安排人数来看，学校未能根据学生人数进行改变，网球课程学习人数一般在 30~40 人，如果按照标准容纳人数进行计算的话，每个班需要 5~7 个场地。在实践教学过程中，一个班往往只能占用到 2~4 个场地，明显与标准化教学模式下的分配不符，势必会影响最终的教学质量。基于此，高校应当采取不同性质场地并举、辅助墙与场地并举及加强多功能网球场地建设等措施进一步提升资源利用率，不断向网球标准化教学迈进。首先，学校在设计与建设网球场地时，应当根据学校平地材料及结构情况，综合考量多种因素实行塑胶和水泥多种场地并举的建设策略，在有限的经费基础上实现资源的最大化利用。从前文分析中可以得知，塑胶场地往往限制性较高，而沥青场地及水泥场地可以对其进行较好补充。沥青场地和水泥场地与塑胶场地相比虽然略有不足，却是高校网球教学过渡时期的最佳选择。沥青场地和水泥场地由于成本较低，可以向大学生免费开放，由此吸引更多学生参与到网球活动之中，场地的使用效率较高。与此同时，经费充足的高校还可以构建一些高标准和高配置的网球场地，为专业网球训练及网球竞赛提供场地，促进网球教学质量呈层级式发展和稳步提高。网球辅助墙是网球初期训练中较为关键的辅助性元素。很多院校教师常常忽视辅助墙的重要价值。网球墙具有容量大、成本低等优势，长为 35 米的辅助墙可以容纳将近 20 名学生共同练习，相当于两个网球场地的容量大小。辅助墙对于网球技术练习十分有效，学生通过和墙进行击球练习，逐渐增强接球准确度，减少捡球的次数，循序渐进增强网球学习质量水平。墙体练习有利于提高学生对于网球远度、高度、反弹路线等观察能力和掌控能力。因此，高校应当加强辅助墙建设，在沥青场地、塑胶场地及水泥场地等边缘构建辅助墙，增强网球场地的美观性，使学生可以随时随地进行网球训练。辅助墙建设要求非常简单，占地面积小，在小块空地上就可以进行建设，并且最好设置为两面均可用，这样就可以有效提高辅助墙的利用效率，促进网球教学质量的提高。高校应当构建多样性网球场地，实现场地之间的灵活转化和多功能发展，可以引入一些活动网架，通过移动网架改变场地构建，使其既可以成为网球训练场地，也可以成为排球学习场地，使场地资源得到充分利用。高校体育教师应当在正式上课之前对网球场地进行检查，对其基础建设及装备的使用情况进行检查，确保网球场地处于正常运转状态，从而使学生拥有较好的学习体验。

从网球课程设置与安排看，高校网球课程是学生参与网球运动的主要途径，是系统实现网球运动普及和网球教学的重要方式。基于当前高校学业繁重，学生精力有限的客观因素，网球课程开设主要集中在大一和大二学年，为了使大三和大四学生仍旧有参与网球项目的机会，实现持续化网球训练，高校可以结合学校社团以及体育训练队，为有需要的学生提供训练场地，构建"初级教学—社团拔高—专业训练"网球训练模型。高校应鼓励与支持网球社团、网球活动及课余活动的开展，将其作为网球课程的重要补充，充分发挥网球社团的作用，引导广大高校学生积极参与社团化的网球活动。网球社团可以与网球教师联系，通过对网球课程教学内容进行分析，制订科学合理的网球训练计划，使学生练习、巩固网球技术，提高网球竞技技术，实现网球教学效果。

以浙江大学的网球教学体系为例，浙江大学依照学生实际需要和网球发展现状，以"教健康知识、传技术技能、育德育意志、练身体素质"为指导原则，构建了"全方位"式网球教学课程体系，形成包括第一课堂、第二课堂、第三课堂及第四课堂在内的教育教学体系。第一课堂主要包括网球专项练习课及网球专项教学课；第二课堂主要依靠网球俱乐部及网球辅导站为学生提供网球辅导服务，满足学生学习需求；第三课堂包括网球赛事及网球协会积分赛，以网球竞赛的形式推动网球运动发展；第四课堂通过组织与引导学生参与校外网球竞赛及校外网球交流，实现外界对接，进一步拓宽学生视野，提升学生的网球能力。浙江大学一体化网球教学体系能够实现校内外供需平衡，将课内显性教学资源与课外隐性资源作为一个统一整体，有计划、有组织地实现课内与课外、校内与校外、普及与提高有机结合，形成教学为核心，竞技为引领，供需平衡的网球教学课程新格局，使网球运动成为一种常态化项目，促使学生由原先的被动参与到主动转变，形成人人参与、共建共享、人人受益的良好校园氛围。在一体化网球教学体系施行后，对学生前后学习成果和网球技能掌握情况进行比较，可以看出，经过课程改革与教学变革，学生的发球精准度、截击球深度、底线击落地球深度、移动能力及底线击落地球精度指标都有所提升，同时学生对于网球项目的态度及观点也发生了较大改变，养成了良好的锻炼习惯。由此可见，网球课程设置及网球教学体系的搭建需要集结各方力量，集中优势资源，实现网球教育多路径、立体化发展。

第二节 游戏性练习和比赛训练融合教学

一、网球教学的多维设计思路

(一) 多维训练模式的优势

高校开展网球课程的目的在于使不同的学习主体从系统科学、缜密完善的网球教学训练中习得网球战术、网球技能，提升身体素质。传统网球教学主要采用单一固化的训练模式，不利于个体发展。网球多维训练思维及训练模式旨在彻底改变传统单一的传授方式，树立教学训练的整体观、系统观，克服传统教学中训练模式的思想束缚，做到技能、体能、实战技能教学训练的全覆盖，在教学训练过程中促进学生全面发展。从理论层面看，多维训练模式能够兼顾各种影响因素，沿着网球技术运动及教学轨迹，形成对网球运动技术和动作结构的整体化认知。通过从动态、静态不同角度对网球运动及训练中的相关元素进行解剖，对其中的技术动作进行科学合理的拆分与组合，从而使学生形成更加直观与清晰的认知。相关学者与专家认为多维训练模式包含降维和升维两种训练方法，通过两者的协调与配合，分解网球运动技术，使学生得以深入浅出地进行有效学习。教学设计的目的在于帮助学生形成对某事物的整体性认知，获得较全面的认知。高校网球教学多维训练设计方式在于从不同维度构建教学训练模式，从运动轨迹感应训练、眼动视觉训练、动静态训练、实战心理训练及身体重心移动平衡训练等多重角度予以论述和探究，形成系统完善的教学设计，以进一步指导实践教学，形成行之有效的教学计划。

（二）多维训练模式设计

静态教学训练设计主要是针对网球技术薄弱，未曾接触过网球运动的初学者，通过将挥拍、握拍等动作技术进行拆分与放大，从手持拍开始，进而到自然握拍动作、不同来球前后站位等内容进行具体教学。教师主要对学生进行静态训练，引导学生从原地近身给球挥拍练习、前方各个角度的原地给球练习，此训练方式不要求学生进行位置移动，主要是从一些简单的网球动作学起，帮助学生尽快掌握网球操作的技巧，以便之后加入位置移动时能够凭借身体本能完成相应操作。

动态教学训练设计主要基于对网球技术具有一定了解，掌握基础网球操作的学生进行训练，实现学生由初阶训练向中阶训练阶段转化，引导学生实现由静态向动态运动状态转变，使学生在行动过程中能够更好迎击不同角度、不同方向的来球，按照静态发球与击球要求做出相应的动作。主要训练内容包括抛球、过网排球、运动中多角度的给球等，在实践训练中实现教学内容与实战技术内容相统一及充分应用。

眼动能力的教学训练设计是一项相对新颖的训练项目，调查研究指出，与一般网球学者和运动员相比，较优秀的网球运动员眼动追踪能力更强，对于来球方向判断能力更高，在实际竞技和运动中对于网球的判断力更准确。眼动追踪功能发挥作用需要神经系统参与调节，通过针对性训练，能够提高运动员的眼动追踪能力，更为有效地判断来球方向。此项训练可以采用视频协助训练的方式进行。

视频影像教学训练设计是一项依托现代科技手段和互联网技术的新型教学方式，网球教师可以选取不同的角度将学生的训练内容及教学内容进行录制和保存，作为实践讲学的辅助性内容。在教学中，教师通过对视频中的讲解及重点内容进行回放，对其中的跑进方位及技术动作进行分析与说明，帮助学生尽快发现自己在实践训练中存在的问题，以进行针对性改进。视频影像技术训练设计在体育课程教学中的应用已经很常见，也更加受到大学生的喜爱，能够进一步舒缓教师多次讲学和示范的压力，使教师有更多时间和精力开展一对一指导，提升教学质量。

多维教学训练模式的目标设计应基于综合考量，形成涵盖技术内容辅助教学、情景教学、全方位技术支持决策、实战内容讲解等在内的多维度目标体系。教师应按照目标体系要求和课时安排完成教学内容传授，从而有序完成教学任务，提升学生对网球技术的掌握程度。在实践训练过程中，教师应注重观察学生的实际训练成效，掌握学生训练现状，以更好根据实际情况进行升维和降维的动态调控，促使学生熟练掌握技术动作，形成对网球运动较全面系统的认知，为之后深入学习和培养奠定基础。

二、多种教学法的组合运用

（一）墙壁法

墙壁法是指借助校内墙壁等工具，辅助网球练习和网球训练的一种方法名称，对于一些校内网球场地构建不全，网球设施不完善的学校来说，墙壁法有助于发挥校内既有资源的优势，为大多数学生提供初阶训练平台。学生在通过网球墙体进行日常技能训练和击球训练的过程中，能够通过多次修整动作和反向提升接球和击球的准确度，以更为灵敏的反映和精确的力度进行击球，提升网球操作技术，完善操作动作。基于此，高校网球教师应注重开发院校内有助于学生训练的平整墙面，墙面周围应干净空旷，没有其他障碍物质。应避开墙面有凸起或者不平整的部分，避免影响球体反弹的方向和力度，降低学生练习质量。通过对场地面积进行估算和测量，选定恰当的练习范围，在组织学生训练的过程中，应按照练习的实际需要划定学生与学生之间的距离，严格安排好学生的位置，确保训练效果良好。同时，教师可以结合多维训练方法引导学生进行墙壁训练，提升学生对于不同击球技术动作的分析能力和把控能力，掌握网球运动规律。教师可以事先将一些难度较高和复杂的技术动作进行拆分，将其分解为简单的动作组合，而后向学生讲明每一个技术的操作要点和操作难点，使学生从局部和整体两个层面把握操作技巧，依照动作指示要求对自身的动作进行分析，从中发现不足和问题，及时主动纠正。当学生的击球准确度提高时，教师应适当加大训练难度，引入多球训练法进行高难度训练。多球训练法是一项具有挑战性和趣味性的训练方式，有助于激发学生的挑战欲望，集中注意力进行高频次击球，从而使学生沉浸式感受网球竞赛氛围，提升学生的竞技心理能力。在抛球与击球训练项目中，高校网球教师应当控制和把握好网球的节奏和速度，以不同的方向与力度给球，通过丰富击球的落点使学生养成灵活的身体位移和灵敏的反应。例如，网球教师可以采取三个前进式的低浅球加一个后退深高球的方式，形成持续不断的送球，学生凌空抽击，完成击球动作。在此过程中，网球教师应时刻关注学生的动作和姿势，帮助学生逐渐掌握抛球力度控制技能，使学生学会通过控制抛球力度调整网球运动轨迹，使其按照预设目标运动。学生在此过程中应通过提前猜测和判断球的落点位置，及时移动到相应位置，开始时以小碎步的方式移动，中间环节采取大跨步行进，接近来球时再调整为小碎步，以此控制身体平衡与身体重心，确保脚步发力有力。高校网球教师要妥善使用墙壁法开展训练。网球实际竞赛中，对手及球体处于动态变化中，如果过于依赖墙壁法进行训练，势必影响学生的实践应变能力和反应能力。因此，高校网球教师应避免学生过于依赖墙壁训练，将墙壁训练作为唯一的初训方式和考核方式。

（二）快易法

快易（Play and Stay）网球教学法是 2007 年由国际网球联合会为了增加全国参与网球人口数量，解决网球爱好者尤其是初学者流失问题而探讨出来的一种以快易网球和"乐享"为理念的新型网球教学法。快易网球教学法相对于其他教学方式来说，更易被初学者接受和习得，尤其是对于一些欠缺网球基础知识和基础能力的学生来说，快易网球教学法能够快速使学生进入训练状态，掌握网球基本技能，在此教学方式下，网球特有的趣味性和实用性功能能够较好地发挥。快易网球教学法主要通过对网球场地及用球工具进行改良，以达到快速教学的目的。学生初次进入训练场地，抓握网拍时可能不太适应场地的尺寸大小和网球速度，不能在网球全场场地中良好发挥，产生退缩感。快易网球训练主要将网球球体设计为红色、绿色及橙色三种颜色。红色球的球速是三者中最慢的，适用的球场范围较小，利于初学者快速上手和操作。橙色球是相较红色球体更高一个阶层的球，拥有范围更大的场地，适用于具有一定基础的学生和运动员，可以在相对较慢的球速下练习控球和移动。绿色球是其中最接近正规网球的球体，设计者通过适当降低绿色球的质感，使其速度相对降低，便于学生在实践训练中更好发挥。

快易网球教学法具有以下几个基本特点：第一，快易网球教学法以游戏教学为基础，是一种寓教于乐的快乐训练方式。快易网球教学法能够与分层教学及小组比赛训练法相结合，构建系统完善的网球教学体系，使用限制较小。学生在模拟竞技比赛中能够感悟到对抗与竞争的乐趣，在游戏活动中体会到网球运动的魅力。传统教学过程中，教师的网球技术教学方式和学生的练习方式较单一，由于长时间练习，学生很容易出现疲惫和无聊的心理，逐渐丧失网球练习的兴趣，教学效果受到影响。快易网球教学法通过循序渐进和游戏的方式，能够使学生始终保持对网球的兴趣，提升训练积极性，增强教学质量。第二，快易网球教学法有利于学生个性化发展，为教师因材施教提供了可能性。教师可以灵活运用和设计场地大小，根据教学内容及训练项目的不同调整场地大小和网球类型，改变网球气压和运动速度，为处于不同练习阶层的学生提供针对性较强的教学内容。第三，快易网球教学法能够丰富训练任务内容及类型，使练习任务的设定更加灵活。网球训练任务的难度应与学生的学习情况及训练需求相匹配，否则容易使学生产生沮丧或者负面情绪，影响训练效果。与传统训练方式相比，快易网球教学法可以选择的练习方法和练习手段较多，种类较丰富，教师可以搭建层次性任务目标体系，为学生提供多种训练项目和任务难度，将适合学生的最优任务呈现给学生，使学生在训练中获得较愉悦的情绪体验，促使学生在之后的训练中更加主动和积极。

根据以上训练标准和训练要求，高校教师应对现有网球场地进行重新规划和改良。第一，教师应根据学生的实际能力和需求设计训练环境，训练初期选择一些小范围的场地和窄一点的场地进行打球，以减少网球落地的面积，帮助学生更好预判和控制球。第二，将网球场地的面积改良为发球区大小，而后逐渐扩大范围，构建半场场地和全场场地，使学生循序渐进地掌握网球技能。以实际训练为例，教师在引导学生复习正手击球技术内容，传授移动击球技术时，首先，教师构设教学目标，要求学生在课程学习之后了解并掌握网球正手击球的基本步骤和动作要领，按照要求自主训练，在学习与训练过程中增强学生的团队合作意识和创新意识，形成勇于挑战的良好品质。其次，教师带领学生进行预热活动，围着网球场地慢跑几圈，完成徒手操活动。之后，进入动作复习，教师组织学生先在原地复习之前的动作，进行徒手挥拍练习。学生应降低重心保持底盘稳定和中心平衡，做好相应的准备姿势，按照网球基本步法进行练习。完成徒手练习后，教师组织学生进入红球小场地进行单人练习，要求学生将球控制在腰部位置，在球落地一次后快速将球托起。最后，教师设计场地，将网球场地平分为四等份，学生两两搭档进行练习。双方面对面准备共用四个目标区域，在指定范围内进行正反手固定线路的颠球练习。在小场地中，学生练习移动击球，击打橙色网球过网，配合脚下移动，积极寻找对方击打过来的球的落点位置，在此过程中，学生脚下应时刻保持移动，了解拍面变化对于击球方向的变化和运动轨迹的变化，在身体前侧方位接球。

（三）小群体+游戏教学法

小群体+游戏教学法是指在教师资源紧张时，教师指导学生自主结成小组，通过小组群体练习，相互配合，共同进步。在小群体的基础上加入游戏教学，能够进一步调动学生的积极性，提升小组学习的趣味性，达到优势互补的目的。一方面，小群体模式能够满足学生自我发展的需要，学生自由选择同伴成为队员，将不同性格及不同性别的学生组合到一起，相互取长补短，帮助学生实现自我提升。另一方面，学生在竞赛及游戏中，彼此之间形成竞争和合作关系，使单一的对抗比赛变为小群体对抗赛，从而使学生在比赛中真正明白竞技体育和团队的含义。小群体+游戏教学法适用于网球课堂中的每一个环节，教师可以在准备部分引入此教学方式，在热身活动及体操锻炼中融入游戏元素，引导学生相互监督完成肌肉拉伸和准备活动。在实际教学过程中，由学生预先进行自由选择和自由组队，在完成自由组队之后，网球教师应结合学生的综合情况对学生组队结果予以指导和完善，调整人员数量，使其结构更加恰当，形成合理分组，确保每一小组成员之间具有较高的适配度。

网球教师在训练过程和实践教学中应对每一个学生负责，充分考虑到每一位学生的学习需求，创设高质量课堂，使每一位学生受益。学生是网球教学的重要参与者，是网球教学客体，是实践教学的基础。因此，在教学设计之前，网球教师应对学生的网球学习情况、身体机能和健康水平有一个全方位的了解，依照学生运动能力及身体素质的不同，将学生划分为初级、中级和高级三个等级。教师在分层的过程中应采用动态分层及隐性分层的方式，避免给学生带来隐性的负面影响和其他困扰。基于学生能力差异及学习差异，在教学中，网球教师应观察学生的训练进度，依照实践训练中学生学习情况对分层和分组内容进行动态调整。教师应深入研究学生在网球学习中出现的不同问题和具体特点，根据学生反馈对教学进度及教学方式进行适当改良，制定与学生训练特点相适应的层次性教学目标和教学计划，在课程设计与教学中力求做到科学合理和系统准确，为学生提供符合其认知特点的内容。在课程正式开始之前，教师应向学生陈列课程教学目标和新知识，说明训练中的注意事项，从而帮助学生了解课程框架，能够正确地评价自己，客观分析自己在训练中的不足和特长。教师应引导学生进行自我学习，根据身体机能判定情况及学生兴趣，制订个人提高计划，根据计划内容进行实践训练。分层训练方式有助于向学生提供针对性较强的网球训练和课程教学，在最短的时间内整体提升学生的训练水平和运动能力，实现整体团队的共同进步。

（四）异步教学法

异步教学法是指教师根据学生学习情况进行分层教学的一种方式。相较于小组教学来说，此分类的主体为教师，分类结果更加具有针对性和科学性。异步教学法以自学、对学和群学为基本学习方式，结合集体指导、个别指导和分类指导教学方法，能够进一步划分教学内容，实现因材施教。

在应用异步教学法时，教师应调查和掌握学生的理论知识储备、学习能力、兴趣爱好及网球技能偏向，根据掌握的调查数据构建课程教学目标，制订相应的教学计划，形成初步教学方案。教师应将异步教学法有机融入网球教学过程，与其他教学环节更加契合。在准备活动、理论知识讲解及动作演示教学环节中，教师应以全体教学的方式，统一观念，组织学生形成对网球操作的一致理念；在反手击球、正手击球等训练活动中，教师应引入异步教学法，将学生划分为几个小组，提供个性化教学指导，对小组成员进行具体讲解与技能传授；在学生发球与击球训练环节中，教师主要采取个别化教学方式，具体指导和调整学生的站姿与击球动作，指明学生在动作要领操作及击球中存在的不足与问题，并给予正确动作演示，帮助其调整和纠正错误动作，掌握准确的击球动作和操作要领。

在对学生进行测评时，教师应结合目标体系，从身体素质、网球技术两个层面出发进行综合评价。具体来看，网球课程的认知目标在于：学生应了解网球运动的历史、运动特点，知晓网球运动的锻炼价值，树立正确的健康观念和运动观念，具备一定的运动欣赏价值；懂得网球运动竞赛规律与裁判方法，能够依照网球基本规则正确观看网球比赛和网球活动，理解网球运动技术、战术、裁判方法；实际运用的方法；发展专项身体素质的手段。网球课程的能力目标在于：第一，学生应掌握基本操作知识，正确处理运动过程中的轻微损伤；第二，掌握网球运动的基本战术、裁判方法和基本技术，能够在实践运动中灵活运用以上技巧；第三，掌握发展专项素质的手段。网球课程的素质目标在于：培育学生具有团队协作、文明守纪及顽强拼搏等体育精神和优良品质，具备较好的对抗精神和竞争意识，形成终身体育意识，养成自觉进行体育锻炼的习惯。同时，高校网球教师应结合当下技术变革对教育目标内容进行适当修改，在其中引入新内容和新标准，从而使网球课程教育目标更契合当前时代发展对于网球人才的新要求。

教师应当根据网球训练专业素养要求开展针对性教学。例如，在网球专项灵敏素质训练过程中，网球教师可以采取左右侧滑步加急转冲刺跑、左右折返跑接冲刺跑、前冲后退折返冲刺跑、六边形跳跃、蜘蛛形跑等多种方式引导学生进行训练，使学生能够灵活变动身体运动方向，增强身体反应能力。蜘蛛形跑训练方式是一种多方向训练手段，如图 5-1 所示，学生站立于底线中点，以中点为起点在两条单打边线与发球线和底线的交叉的地方与中线"T"点的位置上都放一个网球，按照顺时针的方向设置 1~5 号点，运动员按照 1 号到 5 号的顺序进行移动。学生需要将捡到的网球放入指定位置，跑动过程中保持球体不脱落，当球落地后需要重新返回拿球。六边形跳跃项目主要是在网球场地上使用橡胶带贴出角度为 120°，边长为 60 厘米的六边形，学生在热身之后站于六边形的中央位置，向其中一条边起跳。

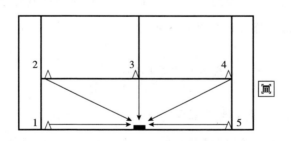

图 5-1 蜘蛛形跑训练方式模拟图

从身体素质层面看，《国家体育锻炼标准》文件中对正常学生的身体体能测评予以具体说明，构建出学生体制健康检测的评价机制，从学生的耐力、速度、柔韧、力量等方面获取学生的身体素质情况，具体测评项目分别为坐位体前屈、立定跳远、800（1000）米跑步及 50 米短跑。通过以上测评结果，可以间接反映出学生通过网球训练，身体机能提升情况，通过前后数据对比分析，及时调整训练方案和训练内容。从网球技术评价层面看，基于 2018 年发行的《中国网球协会网球运动技术等级标准及评定办法》文件要求，将其与高校课程内容相匹配，形成具体可量化的等级评价体系，对学生的击落地球深度、相持球、击落地球精准度、移动能力及发球能力进行测评。击落地球深度要求学生用正反手分别击球落地 15 次，按照离网距离及球的落地位置得出平均分值；击落地球的精准度测评要求学生交替使用正手和反手打直线六次，打斜线六次，根据球的落地位置得出最终成绩。相持球测评要求两个学生搭档，每组有三次机会，从三次的相持球对拉成绩中选取最高成绩作为记录。根据学生是否判定准确、良好控制拍面、移动迅速及击球质量高，对学生打分，最高分可得 4 分。发球测试要求学生在六次发球内，三次朝向第一发球区，三次朝向第二发球区。移动能力评分主要统计学生捡拾起 5 个球，将其归位放于特定区域内的时间。一般学生的移动评分时间在 25～33 秒。

三、比赛教学法在高校网球教学中的应用

（一）落实网球基本动作教学

比赛教学法可以渗透到网球教学中的各个环节，促进教学效率与教学质量的提升。与以往讲授形式的动作教学相比，比赛教学法有助于进一步提升大学生的技能水平。学生在相互对抗训练的过程中，能够实际近距离地接触与感受网球运动，从中钻研与参透网球技术动作要点，全方位多角度强化学生的综合应变能力，提升学生的身体素质。为了确保比赛教学法的优势能够发挥到最大化，网球教师应将比赛教学模式与网球训练课程教学相匹配，积极寻求两者之间的共通点，实现两者的有机融合发展。网球

基本动作教学主要包括反手击球、正手击球及正手削球技巧等，大学生掌握基本的握拍及发球动作即可。但是不同动作之间有多种组合方式，能够形成灵活多变的打法，大学生只有不断练习，熟练掌握基本动作，方能在实际比赛中按照预想方向与力度掌控球体运动。例如，在组织学生进行小组比赛时，教师可以将学生分为两个小组，每一组分别派一名队员进行对抗比赛，其中对抗规则并不是既定的网球竞赛规则，而是教师依照大学生的实际技能水平制定的内容与体系，其目标在于进一步细化动作教学程序，提升学生动作的精细度和准确度，双方在对抗比赛中主要依照学生对于网球基本动作的掌握程度进行评分，当大学生使用准确的正反手抽球时可以获得1分，应用难度较高的截击击球可以获得2分，正反手削球同样可以获得2分，以此类推，基本动作掌握熟练、运用熟练、动作组合较好的学生得分最高。以此，进一步实现由理论向实践的转化，激发学生的竞技精神和学习热情，在竞技的氛围下完成教育目标。

高校网球教师在进行步法移动技术训练时，应当从身体基本训练和步法移动训练两方面入手进行分别训练。从身体基本训练看，教师首先应当从学生身体素质和身体机能锻炼入手，指导学生进行速度训练、力量训练和灵活性训练。教师可以将网球底线到网的距离作为基本训练距离，让学生在固定点之间进行往返跑，从而使学生之间熟悉网球场地和网球运动距离，在此范围内选择恰当、舒适的运动方式。以8次为一组，循环往复逐渐提升学生移动速度。在力量训练中，按照网球正式比赛规则要求，每次比赛得分的时长为15~20秒，两局间隔实践为1分钟。网球教师可以根据正式比赛的时间对学生进行6秒钟的短距离训练，提升学生的爆发力。教师还可以通过负重转髋跳、负重半蹲跳等方式增强学生下肢部位的力量。在灵活性训练中，网球教师可以利用网球场地进行训练，利用底线，用双脚的前脚掌进行前后交替过线训练、纵向交叉过线训练，从而增加脚步的频率，使步法更具有灵活性。教师在此过程中应当灵活设置训练目标，使学生进行不断调整，提升身体的柔韧性。

网球运动需要在场地中进行全方位跑动，为了在短时间迅速移动到指定位置，一击即中，运动员必须在较长一段时间内朝着多个方位进行急速跑动，并快速调整身体状态，保持身体平衡，按照来球方向进行准确的击球，因此，步法移动训练是高校网球课程中较为重要的训练项目。在针对步法移动进行训练时，网球教师应当对十步交叉步法、跳跃步、小碎步和滑步等技法进行具体讲解与说明，并辅之以动作示范和肢体演示，以便更好帮助学生理解以上移动步法的操作要求和重要特征，按照其动作指示准确移动。十字交叉步法训练在网球训练中是最能够提升步法的技巧训练，之所以这样说是因为十字交叉步法是一项涵盖各个方向的移动方式，对于学生肢体灵敏度要求较高，且此训练项目的训练距离和网球比赛中的实际距离一样，停步与起步也和实际比赛情况相同。因此，高校网球教师在组织学生进行步法训练时，应当引导学生参与十字交叉步法训练，并在其中引入侧向移动、后退及滑步等多种移动方式，进一步提升学生的移动速度。

小碎步是网球比赛和网球运动中运动员常用的步法技巧。除了发球操作之外，运动员在击球之前都需要以小碎步的方式进行位置调整，使自己的身体保持运动状态和活跃状态，以便在面临来球时能够更好应对，迅速采取行动调整位置击打下一球。在小碎步移动过程中，髋伸肌向心收缩从而使运动员跳离地面，当运动员落地时，在髋外旋肌的作用下，其腿部及髋部能够转向特定方向。因此，在训练过程中，教师应传授和告知学生小碎步移动应当使身体处于运动状态，保持运动姿势站立，起跳过程中避免跳得过高影响速度，直跳直落，与网球最为接近的脚向外旋转，在落地后向预定方位迈出 3~4 步，以此更好发挥小碎步在身体移动和位置调整中的最大优势，使学生掌握以上基本动作要领，在实际网球比赛中更为得心应手地运用以上技巧进行移动，提升网球击球的命中率。

网球运动中，当运动员准备击球，或者在击球之后与特定位置的距离较短时，运动员需要做出反手击球、正手击球时，大多会采用滑步的方式。滑步移动需要配合手部引拍，边引拍边向后移动。训练中，教师需要告知学生以下两点训练要领：一是向前滑步时，需要先出右脚，左脚随之跟上，形成连续向前的滑步步法。二是向后方移动时，左脚先出向后移动，后脚跟上，进行连续移动。移动方向不同，出脚的先后顺序也有所不同。需要注意的是，滑步并不适用于长距离移动和侧面移动，学生应当明确不同移动技巧的适用范围，从而更好变换和调整移动方式，快速移动到指定位置，配合击球技巧进行操作。

多数的网球运动员在比赛时，在每次击球前，尤其在网前截球时，都会用到分隔步法。简单来说就是，从准备开始，看到对手挥拍时，就做好腿部弯曲的状态，做一个高度不超过 5 厘米的跳跃动作，使双脚的前脚掌着地。这样的姿势在对手再次击球时很容易做到发动。但事实上，跳跃步是一种更好的方法。它的基本训练方式就是，需要运动员提前做出判断，预判对手可能击球的位置，当对手的球过来时，一只单跳的脚刚落地，另一只脚就直接向来球的方向移动。迅速判断球的方向并及时做出反击。学会这种步法，会在赛场上占据很大的优势。网球教学并不是一项一蹴而就的短期事项，而是一个长期训练和长期学习的结果。网球比赛中的实战经验及运动方式往往是最具含金量的学习内容和训练方法。高校网球教师不应当止步不前，仅仅将视线放于网球教材之上，而应当不断拓宽视野，秉持终身学习观念，在课余实践潜心钻研教材教法，通过观看实际网球比赛寻求多种训练技巧和网球运动技巧，并与学生共同交流相应的训练项目和训练内容，以此进一步打磨自身的网球教学技能，提升网球课程质量。教师可以与学生一起观看网球比赛，对网球比赛进行点评，并选择较为出名的网球运动比赛进行动作拆分和技巧分析，从而引导学生从其击球技巧和移动方式中吸取经验教训。

（二）落实网球战术教学

网球运动是一项智慧博弈活动，需要队员之间相互配合，灵活调整和变动队形，以形成优势互补的绝佳进攻态势，取得最终胜利，高校网球教师不仅要教授学生基本的动作技能和操作技巧，还应传授学生实际战术，引导学生学会相应的战术方案和布局思维。网球战术训练实践中，思维过程要为各种战术的运用准备思维模式，对于这种隔网对抗性非常强的网球比赛，需要制定一定的比赛战术，对这些战术的训练不单纯是战术行动的问题，更重要的是在头脑中计划各种战术方案，以及训练如何实施这些战术方案的思维能力。所谓战术训练计划，是指在比赛前根据自己与对手的力量，组织各种技术动作的结合体，以便在赛场上充分运用各种技术手段，取得比赛的胜利。而这些战术行动的训练都必须借助运动员的积极思维活动来完成。通过训练形成各种战术的思维模式，并把这些思维模式掌握熟练，在比赛过程中根据比赛的形势变化灵活运用。运动员在平时训练与比赛过程中需以思维活动为基础，特别是网球运动中战术意识的培养，对运动员思维活动水平的要求更高，它不仅需要一般人所具有的思维活动内容，而且更需要运动思维的内容。一场高水平的网球比赛，其实际上就是对比赛双方思维能力水平的检验，没有高度发展的思维能力，就不可能高质量地完成比赛任务。网球运动中的战术思维活动都是在知觉、表象、记忆、想象的基础上进行分析、比较、综合、抽象与概括的，它表现的特征同篮球、足球一样，都具有直观形象性、实效性与灵活性。此外，战术思维过程还应具有一定的敏捷性，因为在比赛中对网球战术行动的抉择有严格的时间限制要求，其需要运动员在快速准确地对比赛情况做出正确判断的同时，还要求其能在高强度的运动负荷下于瞬间做出决策。在高水平网球比赛中，有人测量过从对手底线大力抽球过网然后落地回击这个过程一般不会超过 0.2 秒，若是半场大力抽球，时间则更短，其发球最快可达到 200 千米/小时以上。因此，球速越快，其所能提供的反应时间就越短，战术意识对战术行动的决策时间也就越短。可见，运动员要在如此短的时间内迅速、果断地做出有效的战术决策，则必须具备非常敏捷的思维能力。

现代网球战术具有攻守平衡、掌握节奏，争取主动及战术与技术合理组合等重要特征。攻守平衡要求在战术指导思想上有较为清晰的认知，在战术打法上有充分显现。运动员应当具备全面的攻防能力，能够有力进攻，有效防守，保持进攻与防守之间的平衡。比赛节奏与攻守战术具有内在联系，通过延缓对方的进攻速度、增强对方进攻难度可以改变防守的节奏。比赛节奏把控十分复杂和困难，是一项具有艺术性和挑战性的技能，受到临场应变能力、比赛经验、捕捉时机及观察判断能力等多重因素影响。网球教师应当有意识地引导学生控制自己的比赛节奏，将主动权掌握在自己手中，从而更好地获得比赛胜利。在网球比赛过程中，网球战术与网球技术密不可分，不能避开网球技术只谈网球战术，也不能单单只谈网球技术而丢掉网球战术。网球运动员在制定好相应的战术和打法后，就必须选择与之匹配的技术动作，从而使两者交相辉映，更好将优势发挥得淋漓尽致。

网球战术依据网球操作不同分为单打战术和双打战术，其中单打战术包括接发球战术、底线战术及上网战术。发球战术是指当发第一区时，尽量接近中点线位置，发直线球紧逼对方反拍。当发第二区时，站位发生变化，位于中点线稍远的位置，以更大的斜线发到对方的反拍区域，扩大自己的正拍防守区域。第一次发球和第二次发球也有一定的战术要求。第一次发球应当用大力平击发球，或者用上旋发球和切削发球的方式影响对方防守和接球。第二次发球的重心放在准确度上，多采用上旋发球和切削发球的方式，力求凶狠，打落点。接发球的过程中应当采用合适的站位和击球方式。站位应当站在对方发球角度的角分线上，判断对方为向外或者向内旋球，从而调整方向更靠近球的旋转方向，击球时一般采用平击抽球的方式，将球回击到对方的底线两角处，或者将球旋向两边线位，扩大对方的移动范围，使其左右奔跑，消耗对方体力，使对方难以接到球。从上网战术层面看，第一次发球时，由于网球在空中飞行时间较长，对方很难回击，抽击球后上网，应当出球深、重和斜，接近于中间地带。

　　教师应帮助学生通过观察发现对手的战术与布局，在对抗中注意对方的步法特点和技术动作，以此初步甄别对方网球水平，依照对方的实际水平调整自我战术和步法移动方略。除了观察与注意对方状态之外，还应关注所处团队内部的实际状况。比赛过程重团队合作精神是获取网球竞技的重要因素，团队成员之间应按照布局和战术要求灵活变动，做好守球与击球。大学生应秉持谦虚的态度接受和吸取教师及团队成员的建议与意见，避免出现盲目对抗和随意变动的问题，在实际比赛中逐渐强化自我心理素质，提升对压力的承受性，将压力转化为动力，为后续网球运动提供支撑。例如，在实际网球比赛中，当对手出现低质量回球时，我方应当抓住这一时机，打出斜线深球，有力回击对手。当对手用斜线回击你的斜线深球时，必须要顾及到你可能在下一拍变出直线。因此，对方在回完斜线深球后，会下意识地向中间靠，回到中间位置。此时，我方需要用小斜线的方式打他回头，使他脚步打乱，破坏掉其预想的回球方式。在双打比赛中，如果对方发球很有威胁且网前也比较活跃，要想破坏对方的进攻节奏，可采用接发球"双底线"站位战术。因为两人都退到了底线，这样可使对方的网前选手在截击时产生一定的心理压力，甚至得不到分。此外，若一方运动员被挑高球到后场，为了更好地防守，都要下撤至底线，形成"双底线"站位，通过拉长场地的距离来延长对打的时间，为己方争取更多的时间来组织防守和反击。

（三）落实网球实战技巧教学

通过运用比赛教学法，网球课程的实战技巧训练内容及形式更加丰富，网球教学效果得以显著提升。网球实战技巧教学是在学生掌握网球基本动作之后的下一步深入教学，实战技巧教学与基本动作教学两者之间既是前后关系，也是相互促进的关系。学生通过实战技巧学习可以更灵活地操纵网球基本动作，使两种能力得到双重提升。需要注意的是，教师在应用比赛教学法传授实战技巧时应与基础动作中的比赛形式区分开来，两者在本质上具有较大区别。实战教学往往具有更严格和规范的规定与说明，在此情况下，教师可以根据专业程度较高的正式比赛制度设定比赛规则，结合学生的实际实战水平适当调整与降低比赛的难度，使规则更加契合学生实际训练水平，确保学生在适当难度的比赛项目中具有较高的参与积极性，不会因为难度系数过高，规则较复杂而丧失信心。例如，在实战技巧训练的过程中，教师可以按照大学生的水平选择与匹配和其实力相当的大学生实施比赛对抗。在正式比赛之前，组织大学生一起观看专业级别的网球公开赛，带领学生提前进入比赛状态，渲染紧张严肃的比赛氛围，在激发大学生斗志的情况下，使学生更清楚正规比赛规则，为之后进入正式比赛打好基础。进入正式比赛之后，网球教师以教练员的身份予以指导，记分员和裁判员则由学生担任，对击球有效性及得分情况予以评判与记录，从而进一步强化大学生的综合技能水平，为之后训练方案的制订与优化指明方向。教师应以视频的方式记录学生的实际比赛，而后带领学生一起观看比赛视频，对其中存在的动作性问题及评分裁判问题进行说明。教师应对参与比赛的学生进行针对性评价，从不同角度说明学生对于网球技巧、网球动作及网球战术的掌握与运用能力。

（四）落实网球教学效果测评

比赛教学法是测评教师教学成效、检验学生学习能力最有力的实践路径和重要方式，学生对于网球基本动作的掌握程度可以在比赛中显现出来，此种测评形式比较公正客观，符合当下大学生的心理需求。高校网球教学可以组织与安排学生进行抽签，通过抽签组队和排列的形式进行比赛对抗。在正式比赛和测评之前应为学生留有充分的准备时间，教师应为学生提供赛前指导，缓解学生的焦虑和压力，同时为学生讲明比赛规则和评分事项，使学生明确此次比赛的考核重点和比赛重点。由于学生人数较多，因此教师应合理控制比赛时间，采取 2 小节赛制的方式测试大学生。比赛教学法除了可以对学生的网球能力进行测评之外，还能反映学生的心理素质水平，了解学生在比赛中存在的心理性障碍和问题，在之后的训练中给予学生正确的心理引导和帮助，从网球专业和心理两个层面推动学生发展。

第三节　依托信息技术的高校网球教学设计

在现代网络技术催化下，高校之间有了更为紧密的关联，彼此之间得以依托网络这一中介桥梁实现有力连接，网络科技将高校打造成便捷和密集的蜂窝形状。在此互联网蜂窝中，高校与政府、企业及相关科研机构紧密连接，在技术、学术研究及应用领域皆有交际。从现阶段网民年龄结构来看，大学生群体数量较多，占比较大，使信息资源整合与共享具有更大可能性。但是从学生的用网偏向领域看，将近90%的学生未能利用网络搜索和关注网球信息、网球运动，对于此方面信息了解度较低。在互联网信息时代，高校必须抓住网络，充分挖掘互联网教学优势，使其成为网球运动向外扩展的重要介质，通过资源整理和利用，吸引更多大学生参与到网球运动中，对网球运动进行更深入的了解。

一、信息"数字化"在网球教学中的优化作用

现阶段，高校网球教学主要还是以教师演示传授技能为主，通过动作示范配合讲演的方式帮助学生构建网球运动的初步动作印象，而后再加以重复示范和讲解，通过多次练习反复强调与研磨该项技能。在此教育过程中，教师依旧是教育活动的中心和主体，以理论讲解的方式对技术动作加以解说，很难调动学生的学习兴趣，不利于学生思维发展。传统讲授模式中，教师更加关注基础知识及技术操作的内容讲解，按照准备活动阶段、练习击球阶段及实战训练阶段的流程与步骤依次展开。一般来讲，教师往往以统一的动作标准要求学生一比一模仿和复刻动作，久而久之会严重影响学生对网球学习的兴趣。针对结构复杂、难度较高的一连串操作技术，仅仅依靠教师讲解很难实现既定教育目标，难以让学生全面掌握动作。而在信息化手段的支撑下，网球运动所具有的科学性、合理性得以真正发挥，以学生学习问题为切入口进行教学设计与模式更新，能够为学生提供更加细微化和高质量的教学模式，提升学生的学习质量。信息技术对于网球教学过程与教学环境皆有积极影响。一方面，网球运动需要结合人体生理构

造及运动情况，对网球运动进行内在分析，从中得出网球运动的本质特征和机体参与情况，从深层次中挖掘出最根本和基础的东西。信息化教学能够转变原有传统教学的授课形式，形成以学生为中心的新教学模式。针对网球技术教学中存在的不足和缺陷，我们采用信息技术软件加以分析与处理，将其中的动作形式及操作重点做成课件，让学生观看和分析，创设一种良好的探究学习氛围，促使学生进行自我思考，进而提升创新能力。另一方面，在传统教学模式中，网球教师对于正手击球内容训练主要是通过示范和讲解的方式，但是对于很多初学者来说，很难按照教师要求快速找准发力点和发力部位，握拍姿势也存在不准确的问题，导致最后击球失误。教师虽然拥有较多的发球经验，却不能将其转化为可行之举，以语言的方式传授给学生，无法很好解答学生关于细节性的知识问题，而信息技术的发展却能较好填补这一漏洞。网球教师与学生可以共同观看比赛视频，在视频观看的过程中，通过对对打及单打网球运动员的位置移动及击球动作进行点评与分析，引导学生对其发球、击球姿势及接球动作进行点评，提出见解与看法，使学生在轻松快乐的氛围中掌握相关知识，改正自身在实践训练中的错误动作，提升操作的准确性，并以此提升学生对于网球比赛的评判能力，使学生在交流与讨论中熟练掌握网球规则，对实践比赛进行公正、客观的判断，增强网球裁判能力。信息化网球教学方式有助于实现个性化教学。在教授网球发球的姿势与技术要领时，教师往往很难对其中的细节问题予以具体说明，而三维动画技术可以轻易实现动作分解与放大，将动作的前后、左右和上下部位分别展示于学生眼前，结合 3D MAX 软件将发球过程中的肩部关节、腕部关节及肘部关节活动状况呈现出来，帮助学生更好了解发球过程中转肩、压腕和提肘等动作要领，形成一个立体化的生动情景，使学生形成对于动作示范的深刻印象。而依托互联网技术形成的 SPOC

网球教学模式是融合认知主义、行为主义与建构主义理念而形成的综合性教学模式，提倡学生自主学习和主动练习，有助于教师开展个性化教学。信息数字化对于网球教学工具、教学模式的革新与发展具有积极影响。

二、提高网球教学创新发展举措

（一）适应互联网时代新的教学模式

网球教师在网球教学中起着重要的作用，在互联网时代和新媒体技术时代，高校教师应主动进行能力提升和观念革新，在传统教学模式的基础上结合新科技手段进行改良与完善。体育课程教师除了具备较高的体育运动能力和专业课程教学能力之外，还应具备基本互联网操作能力，通过网络搜寻获取教学素材和教学资源，利用信息媒体等技术帮助学生搭建更好的学习平台，提升学生的网球学习质量。与此同时，高校应提出新型教学模式，引导教师较好利用互联网技术搭建网球混合教学模式，将原有以教师为主的学习模式转化为以学生为主体的新模式，从而调动学生学习的自主性和积极性。

（二）利用数字化设备提高学生学习的积极性

数字化及信息化的实质是对时空的延展，能够进一步拓展认知范围，为人们提供更便利的多元化信息途径和认知途径。在体育课程教学中，教师可以采用计算机模拟、传感技术及仿真技术等方式辅助教学。教师可以通过立体呈现人体器官及肌肉组织，以人体模型为辅助，向学生教授网球技术，通过对立体模型的智能化控制，使动作演练及操作更加清晰可辨，从而帮助学生从不同角度仔细观察网球运动时不同肌肉群的带动和牵引作用，对挥拍的方向、全身肌肉之间的配合及挥拍方向等有一个全面了解，掌握正确的发力点及发力部位，从生物学角度知悉网球运动的操作要领。

通过引用数字化设备，能够进一步丰富教学形式，带动学生参与网球课程学习的热情和兴趣，使学生更好掌握技术要点，对动作有一个深刻的认知。

（三）充分利用互联网优势培养学生学习网球的能力

互联网及新型科学技术对于网球教学的催化与促进作用不仅体现在理论课程教学上，还体现在实践教学活动中，教师应对新型设备及智能化网球陪练装置有一定了解。智能化网球陪练设备与装置通过无线遥控接收器，能够远程接收无线遥控器传输的当前发球指令，此装置能够代替人工陪练，强化陪练效果。

三、依托信息技术的高校网球教学具体改革路径

（一）建立健全网球运动信息体系

教学资源库建设与预期目标相差甚远，还存在很多问题。为了满足现代职业教育对优质专业教学资源的需求，在专业人才培养和社会服务中，面对"互联网+"时代背景，要保证资源库资源的完备性、先进性和适宜性，充分发挥教育教学资源库的作用，才能满足多样化的学习模式，对于体育行业从业者的学习与就业意义重大。这是对于整个体育教育行业来说的，并不仅仅局限于网球教学。首先，高校应利用互联网这一强大的信息资源库建立健全网球运动信息体系，实现对网球资源的高效管理和合理分配与利用，进一步提升网球教学的效率与质量。高校应将网球竞赛、网球装备、网球培训信息等对学生有较强吸引力的信息资源整合到一起，方便师生搜索与提取。学生与教师都可以成为网球信息资源的共享者和提供者，参与到网球信息资源分享队伍中，学校线上网站管理者可以为有效信息共享者及获赞数、讨论量最多的分享者提供相应的补偿和奖励，以进一步扩充信息资源库，实现网球信息资源的可持续性发展。其次，依据信息管理

体系，实现对网球教学资源的合理分配和数字化管理。针对以往网球课程资源整合性差、分配不均的问题，高校应将网球课程设置情况、场地构建、基础设施和用具数量进行实时统计与更新，按照课程设置要求将网球训练场地和网球训练资源合理分配，使学生拥有较充沛的训练设备和较好的训练环境。如果网球教师临时有事导致场地出现空缺，系统管理者应及时更新信息体系中的内容，重新安排网球场地，防止出现资源浪费和分配不均的问题。

（二）网球智能工具的应用

现阶段，随着人们对于运动与健康话题的关注，有关体育运动的智能化设备与工具层出不穷。第一，智能穿戴设备的应用。移动互联网的基本载体是移动终端，这些移动终端不仅包括大家熟知的智能手机、平板电脑，还有较为智能化的眼镜、手表、服饰、饰品等各类可随身携带的物品。网球的智能设备还有网球拍分析器、智能手表等，这些都可将佩戴者的运行情况记录下来，反馈给球员或者网球教师，从而帮助教师清晰掌握训练者的情况，更好指导教学。第二，网球专业设备应用。网球商业化程度较高，在信息化普及方面发展较早，对信息处理较为重视，这就促使网球在专业设备方面远远高于其他运动项目的普及程度。例如，鹰眼系统在网球中首先采用，高速摄像机与计算机可清楚地分析球的落点、旋转、速度，并且记录移动距离、正反手数量等，这些都可对球员进行反馈处理，从而干预网球教学。高校网球教师可以依托计算机技术、智能化体育设备构建网球教学智能体系，依照以下流程实现训练内容的有力对接：首先，确定研究原则及教学目标，搜集与网球相关的资料与数据，选择并确定智能化体育设备也就是网球发球机应用硬件，根据以上内容设计软件平台和编程原则。其次，根据编程要求编制软件，将智能化体育设备与软件结合形成调试软件，在实践应用中检查软件的可行性和实用性，对其中存在的问题进行改良与修整，最终将新设备、新软件用于高校实践教学。教练员也可以即时遥控智能网球发球机，通过对键盘或遥控键的操控，根据队员场上的位置，对智能网球发球机发布指令，智能网球发球机犹如一个高水平的网球运动员和队员在球场上对打，像"打电子游戏"一样，增强训练难度和趣味性。

与此同时，网球课程教师可以通过影像记录的方式将学生初期学习、中期学习及后期高阶学习的过程保存下来。例如，按照训练内容不同和发球技术特征不同将学生学习过程分为准备站位、抛球、过渡、向后挥拍、向前挥拍击球及随动几个阶段。从学生网球发球站位来看，有的教师通过学生学习前后动作对比情况，发现学生在初期学习时站位较为僵化，会出现多余的动作，学生往往会先将球拍举起到胸部位置而后向下拉拍，在训练后期学生几乎没有多余的动作，发球动作更为简练自然。在抛球动作训练中，教师借助计算机技术对学生的训练过程进行分析，从中发现训练初期学生的抛球不准，送不到位，将球抛得过高致使击球命中率较低。抛球的连贯性和精准性可以改善发球，提升发球质量和发球效率。大部分学生在初期抛球时往往不能意识到自己抛球的位置问题，发球质量和发球效率得不到提高，出现练习和学习的瓶颈期。在训练后期：学生抛球的准确度和稳定性都得到明显提升。能够较好发球的学生通常具有以下特征，学生的膝盖开始弯曲，将手完全伸直放于头部一侧，挥拍所用手臂在肘部位置弯曲。学生会根据抛球高度及空中击球位置落点调整位置与挥拍力度。

通过计算机分解动作和捕影技术能够使教师时刻关注到学生网球练习的进步之处和存在的问题，教师的观察视野、观察范围和观察深度都得到了增强，可以更为高效地对学生动作加以拆分和肢解，了解学生实际训练中存在的问题，并及时提供针对性较强的动作指导，帮助学生尽快掌握标准动作。将现代化信息技术与传统教学模式相结合可以降低由于教师固有经验和自身问题带来的判断失误和教学失误，帮助教师以更为科学准确的方式对学生个体进行客观分析，有效提升教学准确性和教学质量水平。

（三）基于 SPOC 的翻转课堂教学活动

微课教学最早产生于美国，而后随着互联网技术的普及逐渐流入中国，对中国的教学理念及教学产生了重大影响，促使国内教学形式发生改革。近年来，随着国家政府提倡教育信息化发展与数字化发展，微课教学形式在高校的应用率逐渐提升，微课教学体系不断成熟，但是微课教学所覆盖的学科及专业相对有限，在体育领域和体育教学中存在缺失性问题。体育学科主要通过动作演示与模仿完成技能传授任务，相对其他学科来说可视化程度及可重复性程度更高，互联网等新技术在体育学科教学中的应用价值更高，两者融合发展十分必要。

网球翻转课堂的构建要求在于连接课前、课中与课后三个教学阶段，实现三者之间的统一与可视化教学。具体来看，课前、课中与课后三者统一是翻转课堂创设初衷与基本要求。网球课堂教学之前，教师应提前向学生提出相应的学习任务、提供学习资源，完成自我观摩和自我学习任务。课中环节，主要是以教师为主体对网球技术重点与难点进行讲解，提出网球技术中的共性特征与共性问题，并予以解决。课后，主要由学生进行知识复习与动作练习，总结本节课的具体训练方法和心得体会。微课教学应实现可视化教学，可视化教学是微课教学的重要特征和功能体现，网球教师正是通过视频这一可视化的载体，将课前、课中与课后三大环节串联起来。教师通过高清直播与比赛录像等方式实现与学生资源共享和实时交流，将课程内容以立体化的方式呈现给学生。例如，网球教师可以选择将国内外有序网球运动员桑普拉斯、阿加西等比赛中发 "ACE" 球的录像作为教学素材，从多视角直观展示网球发球技巧和击球技术，激发学生的联想，唤醒学生长时记忆中与这部分内容有关的知识、表象和经验，帮助学生在原有认知结构中的基础上进一步同化和索引新知识和新内容，获得有意义学习。运用信息化技术教学不仅带领学生对视频内容进行简单观看，教师应当做好教学设计工作，明确此次视频观看学习的目标和重难点所在，教师还应当将信息化作为与学生进行互动的平台和介质，使学生在观影过后形成对动作技术完整的影像和图示，从而在实践过程中进一步修整自己的错误技术动作。学生与教师之间的良性互动可以使学生与教师获得更为深层次的交流，确保信息交换和经验交流畅通无阻，助力教学相长，提升教师与学生的网球技术。

基于SPOC的翻转课堂教学活动，按照教学进程可分别划分为课前、课中与课后三大阶段，按照学习形式的不同，可以分为线上与线下两种。从课前活动来看，教师首先应依照课程设置与教学大纲明确学习目标，构建相应的教学任务，选择网球课程中的重点与难点。同时，完成网球微课制作，将视频资源和教学要求上传和分享给大学生。微课制作是教师课前准备的重要环节，视频制作是教师搭建微课、翻转课堂的主要载体。当前的网球视频资源主要分为录制视频与网络视频两种，录制视频主要由教师制作，用于微课教学；网络视频主要借助已有的优秀教学资源进行教学，是网球教师实践教学的重要补充形式之一。在录制网球视频教学资源时，既可以由团队共同参与完成，也可以由单独的教师独立完成。高校网球微课教学资源主要以教师独立制作完成为主，视频录制要求画面流畅清晰，内容符合理论逻辑，清晰具体。高校教师主要选用摄像机或者手机自带的屏幕录制功能进行录制，而后使用简单的视频剪辑软件，将视频剪接到一起，形成完整的教学视频，以便更好地满足学生的观感体验和学习体验。除此之外，网球教师可以在互联网资源库中搜索与提取优秀的网球讲解视频和训练视频，选择其中有利于教学的内容，将其引入教学中，进一步丰富已有教学资源和教学形式。完成资源共享之后，教师应根据教学内容和重难点编制相应的测试题目，将其分享到班级群中，对学生进行引导，鼓励学生踊跃发言，提出对新知识和新动作的理解与看法，教师应收集其中典型的问题，在课中环节予以解决。学生在课前可登录网球线上学习系统和班级群，查看相应的学习任务与视频资源，对本次学习目标与重难点有一个初步认知。课前学习主要有小组合作学习与自主学习两种形式，学生可以依照需要自行选择感兴趣的学习方式，完成学习任务后，参与班级群的话题谈论，对疑难点问题进行深入研究。完成以上工作后，学生应进行在线自测，独立完成教师编制的测试题目，检查与验证自己对于知识的掌握度。除了对网球理论知识进行学习与检测外，学生还应提前根据动作要求在线下进行模仿练习，熟悉动作技能，为进入正式学习打好基础。除此之外，学生应将自我学习和实践训练的情况以视频记录的方式反馈给教师，以使教师更好掌握学生的自我学习水平和练习程度。

课中主要是依托传统线下模式的教学与学习活动。教师可根据统计数据和问题总结结果对学生的共性问题及典型问题进行针对性解答。SPOC 平台与教学模式的主要优势是能够对学生的学习情况和意见反馈进行记录，从而从中发现问题。网球教师首先应带领学生对视频中的讲解内容进行回顾与复习，以文字和动作演示的形式激发学生进行记忆，为动作练习做好准备。在此过程中，教师应从学生的反馈视频中选取动作标准和姿势准确的案例进行剖析与讲解，鼓励这部分学生向其他学生分享练习经验，学生展开谈论，同伴之间进行经验交流与分享。在学生实训时，教师对其中存在的不足予以指正，引导学生进行小组之间的技能学习与评比。选择部分学生的练习过程进行视频拍摄与记录，采用特写、近写和远写的手段，推拉镜头改变焦距，从多种角度记录球体的运动轨迹和学生的运动状况。课中环节，学生的任务与活动主要包括参与实践训练及小组讨论，跟随教师的教学计划单独完成练习任务。

课后主要以评价和总结为主，教师应结合线下与线上双重反馈内容对教学情况进行客观评定，对学生的课堂学习情况予以总结和评价。一方面，教师应挑选一些典型的学生练习视频，上传与分享到公共平台，进行优秀学生技能展示，以激励其他学生努力练习，成为其他学生学习的榜样。另一方面，教师应布置一些拓展性任务，选择与当节课教学内容有关的练习项目与优质资源，进一步扩大学生视野，形成对本节课内容的深刻印象。学生可观看教师上传与分享的教学案例和练习视频，并且与自己的动作视频进行比较，从而调整自己的发球姿势和动作，改进与优化网球操作技能，依照教师布置的拓展任务进行练习。教育教学工作不仅仅是教师单方面的输出，还需要学生主体的积极配合和主动参与。在翻转课堂教学过程中，学生应当积极配合教师，主动完成教学任务，加强学习的自主性，在完成线上学习之后进行及时充分的锻炼，使技能掌握更为牢固，为之后的正式比赛做好准备。

第四节　加快构建一支高水平网球教师团队

网球教师是组织与实施教学内容的重要主体，也是决定教学成败和实际教学质量的关键影响因素。教师的综合能力和专业素质将直接影响学生学习效果和学习兴趣。高校在网球教学改革过程中，应注重教师素质提升与教师能力培养工作。伴随着高校大学生精神需求日益迫切，对于网球运动课程学习有了更大和更高的需求，对于网球教师的标准及要求也在不断提高。高校应主动出击，积极采取举措加强高水平网球教师团队构建工作，通过与其他高校合作及晋升学习等方式提升网球教师的教学水平和教学能力，促进网球事业的可持续性发展。

一、加强教师合作文化建设，构建高质量教学团队

高校内部进行体育教学改革之后，教师队伍建设及课程发展取得了一定成就。但是总体来看，依然存在课程理念缺失、学校重视程度不高及教学模式落后等问题。其中，教师文化缺失是致使以上发展现状及问题的重要制约因素。教师作为施教主体，对于教育革新及课程改革进程起着重要的牵引和限制作用，教师团队建设及教师文化是教育革新工程的重要灵魂所在，也是教育革新工程构建的重要基础。教师文化属于学校文化，是亚文化的一种，在学校文化体系中起着不可忽视的重要作用。加拿大著名教育学家哈格里夫斯曾经对教师文化进行了深入研究与分析，他认为教师文化按照形式不同分为派别主义、个人主义、自然合作及人为合作文化。在合作与发展主题背景下，教师文化也逐渐从原有的封闭状态转为以开放与合作为主题的文化内涵，高校教师教学团队建设也成为高校教学改革及发展规划中的重要工作事项。

教学团队建设的关键在于以教师为中心，使教师自愿参与和加入教师教育团队中，形成一种新型的教师合作文化。2007 年 1 月，基于进一步提高高等教育教学质量的目的所在，教育部在高等学校本科教学质量与教学改革工作中提出："高校应不断加强本科教学团队建设，构建结构组织合

理、教学质量高的教学团队，形成有效的团队合作机制。"在此号召之下，各省各市高校开始了教师团队的筹备与构建工作。2010 年，教育部门再次对此事项进行强调，鼓励高校与地方教育部门共同合作，构建省级、校级教学团队，自此，高校教学团队建设进入了新的发展阶段。

教学在本质上是一种教与学相互影响的双边互动过程，是在教育目标及教学任务引领下，由教师主导，学生为主体的实践活动。在高校体育教学改革中，必须以学生为中心，尊重学生的个体差异和发展需求，面向全体大学生个性化发展需要，通过多元化的体育教学方式，满足不同学生的体育学习需求。同时，关注和重视教师主导地位，从教师合作文化的视角，对教师团队构建问题予以讨论。只有充分发挥教师在教学中的主导性作用，才能真正对学生产生积极影响，进一步带动学生学习的主动性和积极性，确保学生能够以更饱满的情绪参与到体育课程中。教师团队由两个或两个以上教师构成，团队成员在能力与知识上有较高的互补性。教师团队是教师合作的重要基础和介质，也是发挥教师主导作用的最佳选择。高校网球教学团队构建应依照学校体育课程目标及网球教学大纲与任务，将有合作愿景的教师组成一个教学团队。在实践教学过程中，网球教师应选择自己较擅长的领域及课程进行讲解与示范，进一步发挥不同网球教师的专业特长，形成教学资源之间的共享与整合。

高校网球教学团队是一个命运共同体，是学校实现体育课程目标，进行人才培养和体育教学的基本组织形式。第一，针对网球教学模式及教学方法与高校体育工作任务不对等的情况，网球教学团队构建能够促进高校体育教学改革，使高校网球课程及教学内容趋于合理和完善，使体育教学更为规范，促使网球课程与体育课程之间有机融合，达成目标以及理念上的一致。第二，高校网球教学团队构建能够推动良好和谐的教学科研氛围形成，使不同类型的网球教师在统一的平台中进行自由交流与经验分享，对教学中存在的问题进行共同讨论，使问题得以更好解决，进一步提升实践教学质量和网球课程质量。高校网球教学团队还能够充分开发与整合学校体育教学资源，进一步扩展教师视野，提升网球教师的专业化水平。第三，新时代下大部分大学生对于新颖、有趣的网球教学的需求较高，对于网球课程的热爱与期盼较高。高校网球教学不平衡不充分的发展性问题不利于为学生提供创新型网球课程，学校教学与学生需求两者之间的矛盾日益加深。而高校网球团队成立为此问题的解决提供了创新思路，高校网球教师能够在交流与思维碰撞中进行教学内容、教学方法和形式上的大胆创新，为实践教学提供更多创新理念，为学生带来多元化的课堂体验，切实提高学生身体素质，使大学生形成正确的运动理念和生活方式，树立终身体育的思想。

二、人才资源柔性引进，提升人才队伍整体素质

从实践调查结果中得知，当前高校网球教师团队建设依旧存在部分问题，在人数、职称及年龄上存在结构性问题。针对以上情况，高校应采用柔性资源引进策略，依照学校发展的基本情况及学生数量，根据最佳教学比例确定网球教师数量，构建网球教师队伍。在确定人数之后，依照网球教师的聘任要求进行筛选。从政治素养上，大学体育教师应拥护党的路线、方针、政策，热爱祖国，热爱教育事业，遵纪守法，身心健康，品行端正，诚实守信，具备较高的人文素养。从职业要求上，第一，对于教育事业及网球运动持有热情，拥有良好的职业道德和职业操守，对于自身职业发展具有一定规划，能够按照教育要求和育人目标进行实践教学。第二，拥有体育教师资格证，有网球专业队经验，网球水平较高；热爱教育事业，拥

有相关受训证书。具有良好的品行，具有正常履行职责的身体条件；具有较强的沟通、表达能力，能够与学生进行充分良好的沟通与交流，获悉学生的实际需要，对学生提出的问题及疑惑予以解答。第三，对教学研究和学术研究具有深入的理解，具备一定的科研潜力。从学历要求上，高校应根据自身发展现状对聘请人员的学历要求进行限定，尽量聘请高学历高素质人才，保证网球教师队伍整体结构科学合理。不同高校之间可以进行教师教练的连聘和互聘，除保证基本课程教学之外，网球教师可以选择兼职或者培训，从而积累训练经验和竞赛经验，为之后的实践教学工作打好基础。除了对固定网球教师团队予以聘请和管理之外，高校应积极引入外界经验丰富的优秀网球教练，构建开放式、包容式教学团队引入制度，为校内网球教师队伍建设和扩充创设更多可能性，使网球教师团队结构更加合理与平衡，网球教师类型更加充盈。

三、教师互动交流，构建高校网球科研团队

由于地域教育资源分配问题，不同高校的网球教学水平及网球教师团队建设情况不尽相同。但是当前高校之间缺乏沟通与交流的平台和机制，网球教师无法对教学中存在的问题进行集中讨论，不利于资源整合和优势互补。从高校内部来看，网球教师所教授班级学生的学习情况、教学内容及训练进度具有较高的相似性。高校网球教师应在共同教学目标的引领下进行合理分解，根据网球教师团队中教师的特征、教学特长及个人偏好等情况对教学目标进行合理分工与安排，从而保证每一个网球教师可以在擅长的领域进行教学，将优势发挥到最大化。网球教师在定期交流与科研会议中，应围绕以下问题予以讨论：

第一，注重研究国内外网坛发展形势。对国内外网球竞赛及网球训练

中的突出战术及训练方式予以讨论，充分吸收网球运动的先进理念和训练经验，为网球教学设计及网球训练提供素材和资源。

　　第二，积极开拓和挖掘网球教学资源，在实践教学过程及地方网球训练项目中开发和编制本校课程，研究、分析、探讨和制定网球专业规范和训练程序，形成专业程度较高、针对性较强的课程内容和人才培养方案。高校网球教师应联合讨论教学方法创新和完善事项，共同助力网络课程的开发与应用工作。教师应借助教师交流平台，进行多向互动，延伸与拓展教学时间和教学空间。教师可以互动和交流的内容包括网球教案、教学计划、网球教材及多媒体课件资料等。学生能够通过线上网球课程资源库进行同步查阅与翻看，形成联合创新。网络课程资源具有交互功能性强的优势，能够在较大范围内实现结构开放与资源共享，为学生自主学习和协作学习创设更多可能性。因此，高校网球科研小组应积极投入到网球课程资源开发与建设项目中，基于共同目标收集与记录、制作与更新优秀教学视频，以短视频的方式将一些重要的网球动作和训练技巧推送给学生，帮助学生利用课余时间进行碎片化学习，更好掌握网球技巧和发球技术，提升网球技能水平。

　　第三，对实践教学中的教学难点进行针对性讨论，改进与完善现阶段的课程结构及人才培养方案，实现两者的动态更新。除此之外，网球教师应提升实践教学能力，通过教学反思，改良教学手段。一般来讲，网球教学任务主要由理论课程教学、基础训练、科研工作及课余训练等组成，根据教学进度及教学内容的不同又可以划分为初级班和提高班两个等级，依照学生性别差异分为男生队和女生队。因此，在实践训练中，应对教师团队成员的定位有一个明确的认知，帮助教师找到自己的职业方向和课程教学方向。同时，高校应构建网球教师团队责任制，使每一位网球教师都能够明晰自己的责任和任务，更好按照教学要求和任务要求进行实践教学，各司其职共同推动高校网球教学优化发展。教师应秉持个性化发展原则，根据学生基本情况及训练需求制订具体的训练方案，对课程内容及考核标准进行设计，进一步提升网球教学质量。课余训练组织教师应与理论课程教师进行及时和充分的沟通，了解和知悉学生理论学习进度及实践训练速度，确保理论教学与课余实践训练内容匹配，做到有效对接，从而提升学生训练的实际效果。

四、科学制定各层次学生的教学评价

课堂教学评价是教学管理的重要措施之一。课堂是实施素质教育和学生学习的主渠道，而课堂教学评价则具有考察和激励的作用。教学工作是学校的中心工作，教师在教学过程中起主导作用，教师教学质量的高低直接决定着人才培养质量。教师教学能力的发展需要实践总结和外来的指导交流。课堂教学评价就是很好的沟通实践和外来指导交流的平台。所谓课堂教学评价就是以一定的方式、方法，对课堂教学活动中的学生学习、课堂教学及各种影响课堂教学的因素进行定性和定量的价值或特点做出判断的过程。建立一套科学、有效的课堂教学评价体系，形成具有良好运行机制的评价制度，对于提高教师业务水平，确保人才培养质量有着十分重要的意义。课堂教学评价是改进教学质量，提高教师业务水平的重要途径。针对网球课程的层级式教学形式，高校网球教师应对大学生的期末考试实施分层评价。所谓分层评价是指采用动态化的方式对学生的学习结果和学习成绩进行测评，与以往只关注学生成绩的单一性评价方式有所不同，此种方式更加关注学生的学习过程，使学生感受到网球教学评价的人性化及公平化。高校网球教师应秉持公正、公平的态度，采用过程性评价与结果性评价相结合的方式，将学生的实际出勤情况、学习态度及网球训练进度和技能学习情况等纳入考量范围，构建系统完整、科学合理的评价体系。在针对不同层级的学生进行教学评价时，教师应采取不同的方式进行鼓励和指导。对于处于初期学习阶段的学生，网球教师应尽量采取表扬式评价的方式，关注学生的日常进步和技能提升，用肯定的态度及语言赞美的方式激发学生的学习热情，提升学生网球学习的自信心，使网球兴趣长久持续下去。对于高级层次的学生来说，网球教师应以更为严苛的标准和态度要求学生，采用目标式评价方式，促使他们以更加专业化的态度和标准对待网球运动和实践训练，使网球运动成为一种体育特长。

　　教师与学生应形成双向评价，学生对教师教学质量进行评价，教师对学生评价，及引导学生进行自我评价。高校应构建公开公正的竞争机制，学生可以对教师教学成效进行匿名评比，依照评比内容和学生喜好对教师进行综合测量。具体来看，对于网球课程教师的评价指标主要包括以下几方面：第一，课前准备情况，包括教师教学活动准备的充分程度、教学目的及教学任务是否表述清晰、目的明确；网球场地分配及器材分配是否科学合理，以及学生练习小组是否符合实际情况等。第二，教师教学方法运用是否恰当有效，教师网球动作示范是否标准、网球技能拆分及动作讲解情况、在讲授中语言组织与表达清晰明确程度及错误动作示范是否具有针对性等。第三，网球技能的传授，主要测评网球教师多球练习、战术教学及步伐练习的教学情况。在此基础上，对网球课程进行总体性评价，从师生互动和学生学习氛围两个方向出发进行综合考量，以此获取高校网球教师的实际教学现状，对其中存在的问题予以归纳总结。

　　网球教师应引导和帮助学生对自身的网球学习情况进行全面、客观、科学的评价。学生应从三个方面出发进行自我评价，第一，网球技能学习情况，包括网球学习后对于新的网球动作的理解程度、掌握程度，能否及时纠正错误动作；第二，网球技能的运用情况，对于所学新技能的熟练掌握情况，能否较好对新旧知识和新旧动作进行融会贯通，形成连贯的击球操作；第三，对于课堂的直观反映，包括教师教学的满意程度和自己在课堂中的表现等。

五、提高网球教师继续教育参与程度，树立终身学习观念

高校是优秀人才的会聚地，培养学科精英和骨干，可以以片带面，带动整体教育质量的提升。在实践调查中得知，高校网球教师的继续教育施行情况较差，在入职之后进行继续学习和晋升的教师数量较少，不利于学校网球教育的可持续性发展。基于以上问题，一方面，高校内部应为体育课程教师的晋升与培训提供平台、创设机会。很多教师都有强烈的自我提高和学习愿望，但是基于学校课程任务繁重及培训体制等客观因素的限制，教师自主性选择的空间较小。同时，由于受培训内容、地点、时间等多种因素的限制，一部分教师难以参与实践训练与继续学习。要想解决这个矛盾，高校必须优化培训内容，改革与完善培训结构。从培训内容上看，高校应增加教师培训内容，扩大网球教师的培训选择面。在高校教师常规性培训项目设计过程中，培训内容要结合社会、学校和教师发展的需要进行更新和删减，引入一些新兴的热点，有针对性地选择培训内容，充实和完善培训内容。同时，选择适合时代需要的，具有长远价值属性、教师感兴趣的内容及一些急需解决的问题作为培训专题，既要解决学校和教师发展中的问题，又要考虑到培训内容的长远价值和社会意义。另一方面，网球教师应树立终身学习理念，根据自身情况，结合学校体育教学发展规划，制定个人的职业计划和发展规划，将自身在实践教学中的感悟记录下来，展望职业未来发展，更好调整自己的晋升与学习方向。网球教师应积极主动参与学校组织的科研项目及培训活动，发表个人对于网球课程开展的观点与看法，与其他网球教师一起讨论教学和训练中的重点和难点问题，进一步提升网球教学能力。

第五节　借助网球社团创新校园体育文化

一、高校体育锻炼环境

在大学生体育健康发展理念的指引下，校园体育锻炼氛围形成及环境塑造主要由校园体育锻炼环境、体育锻炼引导及体育锻炼保障三个基本维度构成。其中，校园体育锻炼环境主要包括舆论环境、文化环境、竞赛环境及制度环境四个因素；校园体育锻炼引导由考试评价引导与考核激励引导两个因素共同决定；校园体育锻炼保障主要由锻炼时间保障、指导保障、设施保障及安全保障四个因素决定。高校体育锻炼环境是一个由多种因素构成的综合体系，具有开放性和动态发展性特征，在多种因素的共同作用和影响下，形成特定的文化内涵及体育环境，学生与教师在此体系中扮演着搭建者的身份，同样也浸润在其中，受到内部环境的影响。

（一）舆论环境

舆论可以影响和操纵人们的意识形态，引导人们的动机与意象，最终决定人们的行为表征。自从 2007 年中央文件发布以来，国家层面对于学校体育工作的清醒认知和正确决策始终是各级各类院校进行体育教学改革的重要指向标。学校体育教学依旧是教育教学体系中的薄弱环节，体育事业在总的教育发展规划中地位依旧较低，未能引起足够的关注与重视，学生的体育锻炼需求难以得到充分保障。

尤其是在当前的信息社会中，学生能够更为广泛和直接地接收各种信息。学生可以通过观看世界型的网球比赛及国内体育竞赛，身临其境地感受世界体育及网球运动的魅力，广泛吸收社会体育的积极影响。因此，高校应明确和重视体育改革及体育教学问题，充分认识到体育教学的紧迫性和重要性，加强学校体育文化的塑造与宣传工作，提高学生整体体育健康水平，向学生宣传与普及健康教育及素养培育相关政策要求，培养学生正确的教育观、体育健康观以及人才观，使国家理念以及培育要求渗透到校园文化中。

（二）制度环境

制度是指具有强制性和法规性的行为规范。制度环境是维护高校教学安全及提升教学质量的关键保障因素，也是校园隐性文化之一。高校应认真学习和吸纳国家政府及教育部门制定的教育类法律法规及政策文件，深入解读和剖析有关学校体育教学及学生体质健康内容，并贯彻落实到实践工作中，使其成为学校内部层面的具体举措和相应规定。高校应结合学校发展的实际情况和学生的学习现状，依照学校内部体育教学目标及教学情况制定较系统和完善的体育锻炼制度，将课外体育活动纳入教学计划中，合理安排与设计学生的作息时间和锻炼时间，为学生实践训练和体育运动提供指南、准则及制度保障，确保学校体育工作有序展开。

高校应严格按照和遵循《大学生体育合格标准》《网球课程开设标准》《学校体育工作条例》制定体育课程规范，对学生课外锻炼、竞赛训练及早操等进行严格管理，使学生有较强的责任意识和被约束的意识，使学校制度成为体育环境创设的内在动因，实现体育规范发展。

（三）竞赛环境

竞赛是体育运动的重要特征之一，合理的竞赛有助于推动群众性体育运动的发展，使人们在运动与竞赛中获得技能提升。同时，竞赛活动能够进一步检验教师教学效果和学生训练效果，为网球课程教学提供相应的结果反馈，为之后的教学设计及训练活动提供方向指引。学生在网球竞赛中能够与同伴和对手形成良好的关系，夯实同伴之间的友谊，形成坚固的合作关系，增强学生的团结意识。网球运动作为一种球类竞技运动，必须在合适的竞赛环境中方能发挥最大价值。高校应为学生创设常态化的体育竞赛机制和竞赛环境，组织各个院系、专业及班级参与体育竞赛活动和交流活动，依托网球社团这一平台和丰富多彩的校园竞技活动，吸引更多的大学生加入体育锻炼和网球运动的行列中。

（四）文化环境

校园体育文化作为一种育人的载体，不仅向学生传播广博的体育文化知识、优秀的体育文化传统和深刻的体育实践体验，更通过"濡化"和"内化"体育情怀与体育精神，能够对学生的个性塑造及社会化转变形成积极影响，更好发挥体育的本体性功能和育人功能。校园文化作为一种隐性教育资源，能够使学生沉浸在良好的体育锻炼氛围中，形成正确的体育观念和学习观念。高校应采取多种举措加强校园内部体育文化宣传与构建，开展网球知识普及活动，广泛传播健康理念及运动理念，提升学生的体育健康素养，为体育事业发展和体育教学搭建平台。

二、高校体育锻炼保障

校园体育锻炼保障应从锻炼时间保障、运动安全保障、场地设施保障及锻炼指导保障四个维度对大学生的体育锻炼和运动健康予以支持。高校应为大学生参与体育锻炼创设时空条件，将"每天锻炼一小时"作为硬性目标与任务，结合线上跑步软件及运动软件记录学生运动信息，学生通过线上打卡等方式完成体育锻炼目标，以此培养学生形成健康生活方式和锻炼习惯，循序渐进地增强学生的身体素质，使学生以更加优良的身体机能参与体育课程和球类运动项目。学校应为学生提供锻炼指导服务，解答学生关于运动和健身的疑虑与问题，使学生采用科学、正确的方式进行锻炼。运动安全保障为大学生体育锻炼提供规避运动伤害风险的防范机制，尤其是性别差异导致的运动安全认知分歧使参与体育锻炼具有明显的选择性特征，同时也容易造成运动障碍与运动恐惧心理。全面实施运动安全保障要从大学生认知生命与运动、强体与健康、技术与体能、技能与发展的视角，配置安全、便捷、舒适的运动设施与环境，辅以体育教师现场科学指导等，给予大学生全方位的运动安全保障。这对大学生体育锻炼氛围浓厚状态的形成、保持、增强和升华，起着推动优化的动力效能。体育场地设施的设计与风格特色，能够让大学生感知运动美的客观存在，能够在运动自觉与运动阻碍中做出正确选择。大学生自觉参与运动实践所产生的同质效应，使更多的大学生同步"跟进"，体育锻炼氛围便自然形成。以体育锻炼指导平台为大学生参加体育锻炼提供优质服务。大学生体育锻炼氛围的形成与保持和构建高校"一体化"的体育锻炼指导网络密切相关。对大学生群体开展科学的体育锻炼专业指导，促使大学生系统接受、掌握与应用人体解剖学、运动生理学、体育保健学、体育心理学等学科理论与方法，在从事体育运动实践中，结合专业特点与未来生存发展的需要，自主选择适合的运动方式。大学生体育锻炼指导平台的保障着力点在于利用咨询、范例、测试评价、运动处方提供等有效方式，集聚高校体育教师群体智慧，为大学生体育锻炼提供智力支撑与保障。高效的指导保障与大学生体育锻炼的氛围之间存在互为联结、互为促进的关系，指导保障的模式虽然呈现多元化的样式，但具有一致的功效。

三、高校网球社团与高校体育练习必要性

（一）拓展教学内容

体育社团是确保实现高校体育教学目标的关键。新时期背景下，人们对于学生身体素质、全面发展问题更为关注，要求学生得到充分的体育锻炼和实践锻炼，拥有强健的体魄和较高的体育素养。传统体育教学模式已经很难满足学生多方位的体育学习需求。在传统教学模式下，由于课程人数限制及课时限制等因素，多数学生常常无法选择到较为感兴趣的课程，尤其是一些热门课程，如游泳、轮滑和网球等课程。而网球社团和体育社团的出现能够较好地改变这一教学现状，丰富多样的体育社团能够更好迎合不同学生的体育学习兴趣，且体育社团对于学生人数没有较大限制，允许更多人参与到体育运动和体育项目之中，从而使学生在得到锻炼的同时，获得较为愉悦的身心体验，满足内心的娱乐需求。

新媒体时代下，人们可以接触和认识到越来越多的体育项目，包括惊险刺激的跑酷运动及攀岩运动、传统体育项目如太极拳，也有网球及滑板等休闲类体育活动。传统体育课程由于课时影响及学生人数较多等，教师往往不能为学生提供更为深入、难度较高的运动技巧，数量上的差距是体育社团与传统体育课程之间最为明显的差别。学生报名参加网球社团，能够学习到传统体育课程中缺少的多样化技巧，接触和储备更多实用竞赛技巧。网球社团的建设有助于充分发挥体育结构补充作用和育人优势。同时，当体育社团中部分项目及活动成型后，可以再次引入学校的体育课程之中，

补充与完善高校体育项目，实现优势互补，促使学校体育教学体系内部沟通良好。随着高校体育社团与正规教学的界限逐渐模糊，体育课程教师也可以参与到网球社团管理和活动组织工作中，为网球社团更好开展提供理论支撑和技术支撑，为社团建设建言献策。两者之间的有机结合，既可以为高校体育文化发展注入新鲜血液，丰富体育文化资源，还能够落实学生为本的体育育人理念，尊重学生学习的自主性和积极性，营造良好的网球文化氛围，全面提升学校网球教育教学质量。

（二）延长体育学习时间

高校体育课程通常设置为一周两课时，学生实际锻炼时间有限，仅凭课堂学习无法使学生掌握足够的体育知识、获取体育锻炼技巧，锻炼效果不明显。相对体育课程来说，网球社团活动所受到的时空限制较小，学生可以随时随地进行运动与锻炼，学校社团可以根据学生专业课程学习时间进行灵活安排，在平时的完善或者周末时间组织大型网球实践活动。学校网球社团活动项目与学校网球课程教学项目也不尽相同，从而可以使学生在完成基础动作训练之后，接触到更为多样化的网球活动，拓展学习视野。例如，浙江外国语学院网球体育课程主要学习网球训练的注意事项及网球技巧等基本内容，而到了晚上通过社团群联系和组织社团队员进行线下训练。线下训练通常由技术性较强的同学负责，带领一队人员进行学习和巩固，或者以网球比赛的方式进行实践训练。通过以上活动能够更好地了解不同学生的网球学习状况，分析个人优势及劣势，从而更好地提供指导性意见，加强学生的技术水平。由此可见，高校必须予以体育社团和网球社团更多的关注与支持，为学校社团活动留有充分的发展空间，实现高校体育与社团互补共进，以便更好地为学生提供多样化选择的机会，使学生用健康的身体素质和生理素质迎接未来的美好生活。

四、网球社团创新校园体育文化的路径和功能

(一) 充分结合网球训练内容进行校园文化创新

习近平总书记曾经在全国教育大会上提出构建学校体育"四位一体"的新目标，高校应以提升学生身体素养为高校体育教学核心要义、以涵养体育精神为新时代体育教学的价值追求、以深化教学改革为实践创新路径，提高学生身体素质和身体健康，使学生养成积极健康的心理状态，适应社会生活变化。网球运动作为一项球类竞技体育，自 1896 年开始就是正式比赛项目之一，网球运动和网球比赛中蕴含和体现着奥运会"更快、更高、更强"的理念精神，也是"团结、和平与友谊"的现实载体，向人们传达着爱国拼搏、永不放弃和积极进取的理想精神。网球文化是校园文化体系的重要组成部分，网球运动过程中体现出来的运动理念及运动精神与社会主义核心价值观及校园文化理念不谋而合，具有较强的共通性和契合性。例如，在网球比赛或者训练过程中，网球服饰及网球礼仪是检测运动员品质和德行的重要物质。在比赛之前，双方运动员应握手致意，表达对对手的尊重。在比赛中双方应严格按照网球规则进行公平竞争，秉持谦逊有礼的态度，谨防出现挑衅及不雅的动作。比赛之后，战胜方应表示对对手的尊重，相互鼓励共同进步。由此可见，网球是一项较高雅的运动，网球礼仪是文明礼仪教育的重要素材。学生在网球规则学习中能够充分体会和感悟到网球竞赛的文化魅力，树立尊重规则和尊重裁判的意识，养成诚实守信的体育精神。

因此，高校在创设校园体育文化、进行网球教学的过程中，应积极寻求两者之间的融合发展路径，依托网球实践教学及训练活动深入校园体育文化理念，使校园体育文化借助网球课程这一载体在学生的心中生根发芽。

同时，在校园体育文化的引导下，将其与网球实践教学内容相结合，通过深度挖掘网球实践教学中的文化内涵，潜移默化中提升学生的体育文化意识和文化理念，引导学生树立科学正向的运动理念和体育精神。通过社团形式的网球运动，与其他高校网球团队进行合作与竞赛，当学生面对不同网球选手，取得或赢或输的结果，成绩高低起伏时，教师应及时给予学生心理疏导，使学生明白网球技术训练是一个循序渐进的过程，当面对更强劲的对手时应秉持学习的心态勇往直前，不断训练提升自身的网球技能，提高网球技术。而在双打比赛中，要积极寻求与队员之间的合作，求同存异、合作共赢，取得比赛胜利。当出现失误时，应信任与理解同伴，鼓励同伴再接再厉，而不是一味指责和怪罪同伴，造成不良情绪的恶性循环。网球运动中呈现出来的这些特征，被赋予社会价值和体育文化内涵，为校园体育文化的创新提供了新的途径。

（二）提高网球社团价值

首先，网球社团开展离不开高校领导的支持与带动。高校应鼓励与支持校内各类体育社团的开展，允许体育社团和网球社团主办相关活动，制定且推出与网球社团相关的优惠政策和偏向政策，为学校网球社团开办提供场地支撑和资金支持，形成由上向下的良好体育氛围，为网球社团开办以及学生参与网球社团创设更大可能性。同时，学校网球社团管理者和组织者可以与高校进行协商，通过招商引资牵动外部投资，结合学校品牌构建网球运动品牌效应。

其次，网球社团可以组织社团成员，在校园井盖及墙面上进行涂鸦，对网球文化及网球项目进行宣传，使其成为网球文化的象征符号，向学生传递良好的价值导向，促进网球隐性文化的发展。学校社团应注重网球文化节、嘉年华及体育节等特殊节日，在此节日中进行文化宣传。现阶段，高校与高校之间的连接更为紧密，经常组织一些篮球联谊和足球联谊比赛。网球竞赛有助于高校网球社团发展和网球运动普及。一场在室外举办的网球比赛可以吸引将近 50~100 名学生驻足观看，超过 100 人以上的学生放慢脚步，将视野投注在网球比赛上，有 200 名以上的学生参与话题讨论。由此可见，如果由学校牵引，社团组织举办网球竞赛，可以吸引到 2 个院校乃至多个院校成百上千学生的关注，此竞赛的影响力可以持续一个月乃至更长时间，对于网球运动向外推广具有不可估量的重要推动作用。基于此，高校社团之间应通力合作，协调场地及物资问题，有组织、有计划地安排网球竞赛活动。一方面，高校社团举办网球竞赛应根据受众群体的不同，分为趣味性为主的网球竞赛和专业性较高的网球竞赛两种。专业网球赛事的观赏性和专业性较强，主要面向专业性较强的体育专业学生开设，受众群体范围较小。趣味性网球竞赛主要面对网球选修课的学生开设，这些学生对于网球技术有一定了解，参与以上活动有助于进一步提升实战经验，受众群体为学校大部分学生，受众范围较广泛。另一方面，做好竞赛前的准备及宣传工作，通过在校园文化墙及校园广播展示的方式，告知学生网球竞赛的举办时间和举办场所，扩大观看学生的数量，形成更大范围内的影响。同时，高校网球社团可以与其他体育类型的社团合作，达成一致，共同举办联谊比赛，将两种运动或者多种形式的球类竞技运动穿插在一起，进一步扩大活动影响力。高校社团还可以通过邀请知名网球运动员和体育明星的方式，扩大网球社团的影响力和号召力，增加观看人群基数，吸引更多大学生加入网球社团队伍中。

（三）网球社团与体育课程协同发展

高校网球社团作为一个较为新颖的体育社团，一经出现便受到了大多数大学生的欢迎和喜爱，是学生社团参与的最佳选择之一。网球社团作为联系高校与学生的纽带，承担着传播校园网球文化，实施素质教育的重要责任，有利于学生道德素质、心理素质及非智力因素的提升与发展，增长学生的时间经验，使学生拥有更为健全的人格。在对普通高校网球开展情况进行实践调查后可以发现，超过65％的大学成立和组建了大学生网球协会，对网球项目进行管理，有利于网球运动健康发展。从当前网球社团开展情况看，很多高校不能较好平衡网球社团与专业课程之间的关系，网球社团的训练项目和训练内容与专业课程内容的同质性较高，或者只是组织学生对网球课程中学习的动作进行重复性练习，不利于学生多维发展，发挥网球社团教育优势。

基于此，高校应当正确引导网球社团发展，促使网球社团与体育课程协同发展。高校网球课程教师应当秉持正确的教育理念，正确看待网球社团在学校体育教学中的重要地位和关键作用，充分发挥网球社团对于专业体育课程的补充作用和课程延伸作用，使两者在内容和形式上具有较强的互补性和连接性，避免出现将两者割裂看待，单一发展的问题。学校网球课程教师在参与管理和组织学校社团活动过程中，应当仔细观察学生对于不同网球项目的学习兴趣，从中选取最为适合学生发展的项目，并将其引入实践教学中，补充现有网球课程资源，使其成为网球校本课程开发的重要素材。另外，针对当前高校网球社团疏于管理，社团活动组织性较差的问题，高校应当加大对网球社团的支持力度和关注力度，在发展政策上予以倾斜，提供相应的教学指导，使体育社团得到规范化发展，从而更好地提升学校网球社团对学生的号召力和影响力，推动社团进一步壮大和发展。

参考文献

［1］陈华东，钞飞侠，陆光平．论体育社团在高校体育中的地位与作用［J］．上海体育学院学报，2002（S1）：154-155，161.

［2］代钰琦．快易网球教学法在高校公共网球教学中的实验研究［D］．内蒙古师范大学，2022.

［3］纪付坤．四川省部分普通高校大学生网球运动开展现状调查与对策研究［D］．西南大学，2021.

［4］姜奉奇．网球运动对大学生身体形态及健康体适能的影响［D］．吉林大学，2015.

［5］李静，刘晓亮，马春霞．比赛教学法在高校网球教学中的实践探讨［J］．青少年体育，2022（1）：109-110.

［6］李祝青．网球运动体能训练的差异化发展现状探析［J］．安徽师范大学学报（自然科学版），2022，45（6）：584-588.

［7］刘会平，郝晓亮．网球运动对青少年体质健康影响的研究［J］．体育科技，2022，43（5）：5-7.

［8］鲁米兰．网球双打站位技战术在教学中的应用［J］．科技视界，

2015（18）：188，197.

[9]吕伟.高校网球社团组织吸引力提升策略研究——以上海大学为例［C］//中国大学生体育协会田径分会.第二十七届全国高校田径科研论文报告会论文专辑，2017：163-166.

[10]彭楚辉，贺道远，李军.网球运动专项体能训练研究［J］.当代体育科技，2022，12（27）：32-35，39.

[11]乔延宾.新时代下高校网球教学现状、问题及革新途径［J］.当代体育科技，2022，12（4）：157-161.

[12]田朝辉.计算机智能控制技术在网球训练中的应用研究［J］.物联网技术，2016，6（1）：71-72，75.

[13]王新雨.探讨网球步法及移动技术的训练［J］.当代体育科技，2020，10（16）：31-32.

[14]王砚镭.体教融合理念下高校网球运动的开展现状及对策研究［C］//Proceedings of 2022 the 6th International Conference on Scientific and Technological Innovation and Educational Development. 香港新世纪文化出版社，2022：176-177.

[15]吴明放.高校网球教学方式的改革与创新［J］.三门峡职业技术学院学报，2022，21（1）：58-62.

[16]解欣，姜晓宏.从单一走向多维的角度论高校网球教学训练模式的转变［J］.科技资讯，2018，16（17）：222-223.

[17]于涛.翻转课堂教学理念下的网球微课制作——基于智能电视多屏互动技术的支持［J］.时代教育，2016（5）：201.

[18]张奔.高校网球文化发展对策研究［J］.体育世界（学术版），2019（11）：100-101.

［19］张兰．网球社团在高校校园体育文化活力创新中的作用研究［J］．当代体育科技，2022，12（1）：153-156.

［20］张枝尚．信息化时代微课资源在高校网球教学中的运用［J］．韶关学院学报，2019，40（11）：92-96.

［21］周才．大学网球训练中专项体能训练的方法研究［J］．当代体育科技，2021，11（7）：41-42，45.

［22］朱德龙，杨继宏．VR技术在高校网球教学中的应用［J］．大理大学学报，2022，7（6）：79-83.

后　记

　　网球运动是一项既具有健身价值又休闲时尚的体育运动项目。高等院校作为网球运动向外推广和普及的重要场所，在网球运动发展中具有重要价值。高校大学生是网球教育的主体，也是参与网球运动的大基数人群，承担着网球学习及网球发展的重要任务。高校网球运动还处于刚刚起步的初级阶段，各方面的发展都不够完善。要使高校网球社团得到发展，就必须得到学校和学生各方面的支持。本书旨在对网球运动特征、训练要求、基本原则、高校开展网球课程的重要价值问题论述基础上，从实践层面出发，对现阶段高校网球场地建设、网球设施引进、网球课程设置与教学内容、网球教师团队构建、网球教育教学模式、人才培养现状等进行实践调查，从多个维度着手获取网球教育教学现状和最新发展信息，提供现实佐证。而后结合 SWOT 问题分析模式将相关因素进行分类，将其套入程序中得出关于高校网球教学发展的优劣势分析结果，以便更好地发挥高校网球教学发展积极因素的优势作用，消除阻碍其发展的不利因素，从师资团队构建、社团竞赛、教育方法更新、场地建设及"互联网+网球"五个层面提出改良举措和创新途径，助力高校网球教学优化发展，使高校网球运动成为大学生体育活动不可或缺的一部分。